小6社会を
ひとつひとつわかり

［改訂版］

Gakken

ひとつひとつわかりやすく。シリーズとは

やさしい言葉で要点しっかり！

難しい用語をできるだけ使わずに，イラストとわかりやすい文章で解説しています。
社会が苦手な人や，ほかの参考書は少し難しいと感じる人でも，無理なく学習できます。

ひとつひとつ，解くからわかる！

解説ページを読んだあとは，ポイントをおさえた問題で，理解した内容をしっかり定着できます。
テストの点数アップはもちろん，社会の基礎力がしっかり身につきます。

やりきれるから，自信がつく！

1回分はたったの2ページ。
約10分で負担感なく取り組めるので，初めての自主学習にもおすすめです。

この本の使い方

1回10分，読む→解く→わかる！

1回分の学習は2ページです。毎日少しずつ学習を進めましょう。

左ページが
解説です。

書きこみ式の
練習問題です。

解答・解説

答え合わせもかんたん・わかりやすい！

解答は本体に軽くのりづけしてあるので，ひっぱって取り外してください。
問題とセットで答えが印刷してあるので，ひとりで答え合わせができます。

復習テストで，テストの点数アップ！

各分野の最後に，これまで学習した内容を確認するための「復習テスト」があります。

☺ 学習のスケジュールも，ひとつひとつチャレンジ！

まずは次回の学習予定を決めて記入しよう！

1日の学習が終わったら，もくじページにシールをはりましょう。
また，次回の学習予定日を決めて記入してみましょう。

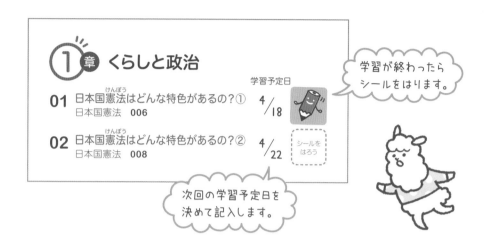

カレンダーや手帳で，さらに先の学習計画を立ててみよう！

おうちのカレンダーや自分の手帳にシールをはりながら，まずは1週間ずつ学習スケジュールを立ててみましょう。
それができたら，次は月ごとのスケジュールを立ててみましょう。

☺ みなさんへ

小学6年の社会は，政治・歴史・国際分野のさまざまなことを学習します。
この本では，学校で習う内容の中でも特に大切なところを，イラストを使って，わかりやすくまとめています。ぜひイラストと文章をセットにして，出来事の流れをつかんでみてください。
社会は用語を覚えることも大切ですが，単純な暗記教科ではありません。単に用語を暗記するのではなく，どのような流れでそうなったのか，なぜそうなったのかなどを考え，仕組みを理解するようにするとよいですね。
みなさんがこの本で社会の基礎を身につけ，「社会っておもしろいな」「もっと知りたいな」と思ってもらえれば，とてもうれしいです。

もくじ 小6社会

次回の学習日を決めて，書きこもう。
1回の学習が終わったら，巻頭のシールをはろう。

わかる君を探してみよう！

この本にはちょっと変わったわかる君が全部で9つかくれています。学習を進めながら探してみてくださいね。

色や大きさは，上の絵とちがうことがあるよ！

01 日本国憲法はどんな特色があるの？①

★3つの原則がある！

日本国憲法は，日本の国や国民生活の基本を定めたものです。**国民主権**，**基本的人権の尊重**，**平和主義**の3つの原則からなっています。

国民主権	基本的人権の尊重	平和主義
政治のあり方を最終的に決める権利（主権）は国民にある。	だれもが生まれながらにしてもっている，人間らしく生きるための権利（基本的人権）を大切にする。	二度と戦争をしない。外国との争いごとを戦争で解決しない。

○○選挙投票所

自分と同じ考えの人を議員にしたい。

だれもが人間らしい生活を送れるようにしてほしい！

主権者である国民は，政治を行う代表者を選挙で選ぶことで政治に参加している。

そのために，陸軍・海軍・空軍などの戦力をもたない。

★さまざまな形で国民主権を実現

国民主権にもとづき，選挙で代表者（国会議員や市区町村長など）を選ぶ権利以外にも，国民にはさまざまな形で**政治に参加する権利（参政権）**があたえられています。

政治に参加する権利

●憲法改正の国民投票

●条例の改正，市区町村長や議員をやめさせる請求

署名を提出する

賛成　反対

ちょっとくわしく！

天皇の地位…天皇は，日本国憲法で，日本国の象徴と定められている。政治についての権限をもたず，憲法に定められている仕事（国事行為）を行う。

基本練習

→ 答えは別冊2ページ

1 ☐ にあてはまる語句を書きましょう。

(1) 日本の国や国民生活の基本を定めているのが

☐ で，国の最高のきまりです。

(2) (1)のきまりで，国民は政治に参加する権利（ ☐ 権）があ

たえられています。

(3) (1)のきまりで，天皇は日本国の ☐ と定められてい

ます。

2 次の資料と写真を見て，あとの問いに答えましょう。

A 二度と戦争をしない。

B 政治のあり方を最終的に決める権利は国民
にある。

C だれもが生まれながらにしてもっている権
利を大切にする。

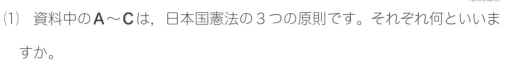

（朝日新聞社）

(1) 資料中のA～Cは，日本国憲法の3つの原則です。それぞれ何といいま

すか。

A 〔　　　　　　　　　　　〕

B 〔　　　　　　　　　　　〕

C 〔　　　　　　　　　　　〕

(2) 写真は国務大臣の任命式の様子です。このような，日本国憲法に定めら

れた天皇が行う仕事を何といいますか。

〔　　　　　　　　　　　〕

😊 できなかった問題は，復習しよう。

02 日本国憲法はどんな特色があるの？②

★基本的人権を保障!

日本国憲法は，すべての国民に，**人間らしく生きるための権利**を保障しています。また，権利とともに，果たさなければならない義務も定めています。

いろいろな国民の権利

- ●思想や学問の自由
- ●男女の平等
- ●教育を受ける権利
- ●居住・移転，職業を選ぶ自由
- ●健康で文化的な生活を営む権利
- ●働く人が団結する権利

東京に住む！
医者になりたい！
福祉センター

国民の三大義務

- ●子どもに教育を受けさせる義務
- ●働く義務
- ●税金を納める義務

税務署

★平和主義をかかげる!

日本国憲法は，悲惨な戦争を二度とくり返さないために，**平和主義**の原則をかかげています。日本は国際社会の中でも，平和の大切さをうったえ続けています。

●**非核三原則**をかかげる
核兵器を「もたない，つくらない，もちこませない」。

長崎での平和祈念式典

原子爆弾が落とされた広島と長崎で，平和を願う式典を開く。

●**自衛隊**の役割
日本の平和と安全を守り，災害発生時に，救援・救助活動を行う。

地震などの被災地へ派遣。

日本は世界でただ一つの被爆国なんだ。核兵器のない平和な世界を目指して，国際社会にうったえていきたいな！！

基本練習

→ 答えは別冊2ページ

1 ［　　　　　］にあてはまる語句を書きましょう。

(1) 日本国憲法では, すべての人に, 自由で［　　　　　　　］である権利など, 人間らしく生きるための権利を保障しています。

(2) 日本国憲法は, 戦争を二度とくり返さないために,［　　　　　　　］主義の原則をかかげています。

(3) 日本は, 核兵器を「もたない, つくらない,

［　　　　　　　　　　　　　　　　　　］」の非核三原則をかかげています。

2 次の資料と写真を見て, あとの問いに答えましょう。

国民の三大義務
・［ **A** ］を納める義務。
・仕事について［ **B** ］義務。
・子どもに［ **C** ］を受けさせる義務。

(読売新聞／アフロ)

(1) 資料は, 国民の三大義務です。［ **A** ］～［ **C** ］にあてはまる語句を書きましょう。

A ［　　　　　　　］

B ［　　　　　　　］

C ［　　　　　　　］

(2) 写真は, 日本の平和と安全を守る組織が, 豪雨の被災地で救助活動を行っている様子です。この組織を何といいますか。

［　　　　　　　］

😊 できなかった問題は, 復習しよう。

03 国会のはたらきは？

★国の政治の方向を決める!

　国会は国の政治の方向を決める機関で，**衆議院**と**参議院**からなっています。国会議員は選挙によって選ばれ，国民の代表者として国会での話し合いを進めます。

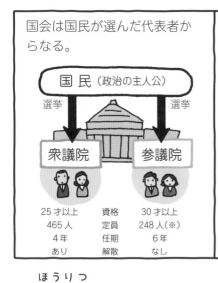

国会は国民が選んだ代表者からなる。

選挙で投票する権利（**選挙権**）をもつのは，**18才以上**の国民。

18才になったから投票できる！

投票は，自分の意思を政治に反映させられる重要な機会。

自分が18才になって選挙権をもったら，何を基準に，投票する人や政党を決めようかな？

※2022年の選挙から248名になる。

★法律をつくる!

　国会の仕事でとくに重要なのが法律をつくることで，このはたらきを**立法**といいます。ほかにも，国のお金の使い道（**予算**）の議決など，さまざまな仕事があります。

国会は法律をつくることができるただ1つの機関。

この法律に従って仕事をしてね。

法律 → 内閣　裁判所

内閣や裁判所は，法律にもとづいて仕事を行う。

予算の決定も重要な仕事。

内閣　こういう予算案をつくりました。

国会　賛成！　反対！

内閣がつくった予算案を国会で話し合い，多数決で決める。

国民の祝日も国会で決められた法律にもとづいている。

おじいちゃん，長生きしてね！

敬老の日

空気がおいしいな～。

山の日

国民が祝い，感謝する日。

1 ◯◯◯にあてはまる語句を書きましょう。

(1) 国会は国の ＿＿＿＿＿＿ の方向を決める機関です。

(2) 国会の仕事でとくに重要なのが ＿＿＿＿＿＿ をつくることで，この
はたらきを立法といいます。

(3) 敬老の日や山の日などの国民の ＿＿＿＿＿＿ も，国会で決められた
きまりにもとづいています。

2 次の表と写真を見て，あとの問いに答えましょう。

A		B
30才以上	資格	25才以上
248人	定員	465人
6年	任期	4年
なし	解散	あり

(アフロ)

(1) 表は，国会を構成する2つの議院のちがいをまとめたものです。**A**，**B**
にあてはまる議院を，それぞれ書きましょう。

A〔　　　　　〕　　B〔　　　　　〕

(2) 国会が議決する，国の収入と支出のことを何といいますか。

〔　　　　　〕

(3) 写真は，国会議員の選挙における投票の様子です。選挙権をもつのは何
才以上の国民ですか。次の**ア〜エ**から1つ選びましょう。〔　　　　　〕

　ア 18才以上　　**イ** 20才以上　　**ウ** 25才以上　　**エ** 30才以上

👓 できなかった問題は，復習しよう。

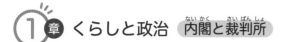

04 内閣と裁判所のはたらきは？

★内閣は政治を行い，裁判所は争いを解決!

法律や予算にもとづいて政治を行うのが**内閣**で，そのはたらきを**行政**といいます。犯罪や人々の争いごとを解決するのが**裁判所**で，そのはたらきを**司法**といいます。

内閣のしくみ

内閣総理大臣（首相）

↓任命

国務大臣

外務大臣　財務大臣　文部科学大臣　など

国会で国会議員の中から選ばれた**内閣総理大臣**が内閣をつくる。

内閣の仕事

予算案をつくる。

「国の収入が少ないな。」

「この支出を減らそう。」

外国と**条約**を結ぶ。

裁判所の仕事

罪のあるなしを決めたり，争いごとを解決したりする。

「判決を言いわたします。」

裁判員制度

国民が裁判員として，重大な犯罪の裁判に参加する制度。

「20才以上の中からくじで選ばれます。」

★国会・内閣・裁判所は役割を分担!

国会・内閣・裁判所は，国の重要な役割を分担し，一つの機関に権力が集中しないようにしています。このしくみを**三権分立**といいます。

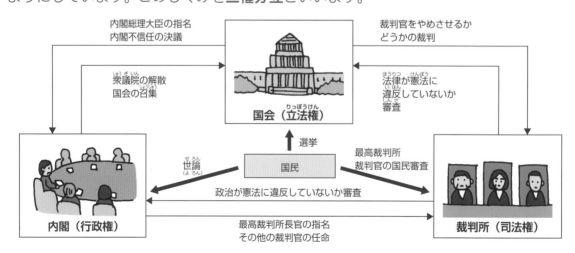

内閣総理大臣の指名
内閣不信任の決議

裁判官をやめさせるかどうかの裁判

衆議院の解散
国会の召集

法律が憲法に違反していないか審査

国会（立法権）

↑選挙

世論（よろん）

国民

最高裁判所裁判官の国民審査

政治が憲法に違反していないか審査

内閣（行政権）

最高裁判所長官の指名
その他の裁判官の任命

裁判所（司法権）

基本練習

→ 答えは別冊2ページ

1 □ にあてはまる語句を書きましょう。

(1) 国会議員の中から選ばれた □ は，国務大臣を任命して内閣をつくります。

(2) 内閣の仕事の一つに，外国との約束である □ を結ぶことがあります。

(3) 国民の中からくじで選ばれた人が裁判官とともに裁判に参加する制度を □ 制度といいます。

2 次の図を見て，あとの問いに答えましょう。

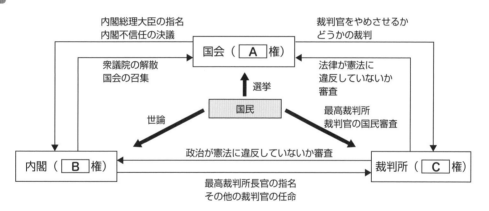

(1) 図のようなしくみを何といいますか。 〔   〕

(2) 図中の **A** ～ **C** にあてはまる語句を，次の**ア～ウ**からそれぞれ選びましょう。

A〔   〕 B〔   〕 C〔   〕

ア 司法　**イ** 立法　**ウ** 行政

(3) 最高裁判所の長官を指名するのは，国会・内閣・裁判所のうちのどれですか。 〔   〕

😊 できなかった問題は，復習しよう。

05 くらしと市の政治の結びつきは？

★市の政治は市議会で話し合い，決定!

市（区町村）の政治は，市民の代表者で構成される**市議会（市区町村議会）**で話し合い，決めています。政治を進めるために必要な収入と支出の計画を**予算**といいます。

みんなの願いをかなえる政治。

子育てしやすい環境をつくってほしい！

年寄りも住みよい町にしてほしい！

市議会議員

わかりました。市議会で話し合います。

子育て支援センターをつくりましょう。

その費用はどうする？

市議会は，18才以上の市民が選挙で選んだ議員で構成。市役所が作成した計画案や予算案を，**市議会で話し合う。**

条例を定める。

きまりをみんなで守りましょう。

子育て支援条例

町づくり条例

法律の範囲内で地方議会が定めるきまりを条例という。

★事業の費用は主に税金から!

市が事業を進めるもとになる費用は，主に住民や会社が納める**税金**でまかなわれます。税金には，市区町村のほかに都道府県や国に納めるものもあります。

ものを買ったときにかかる税金（消費税）

消費税をふくめて〇〇円です。

会社員の給与にかかる税金

今月の給与にかかる税金は…。

給与明細

市の住民にかかる税金

〇〇市

土地や建物にかかる税金

私の家です。

ちょっとくわしく!

市の事業の費用は，市に納められた税金だけでは十分ではない。そのため市は国や都道府県から**補助金**を受けている。

このお金を使ってね。

国

市

基本練習

→ 答えは別冊3ページ

1 □□□ にあてはまる語句を書きましょう。

(1) 市議会は，法律の範囲内で □□□ （きまり）を定めることができます。

(2) 市が事業を進めるための費用は，主に住民が納める □□□ でまかなわれます。

(3) 税金のうち，ものを買ったときにかかるのは □□□ 税です。

2 市の子育て支援センターができるまでの流れを示した次の図を見て，あとの問いに答えましょう。

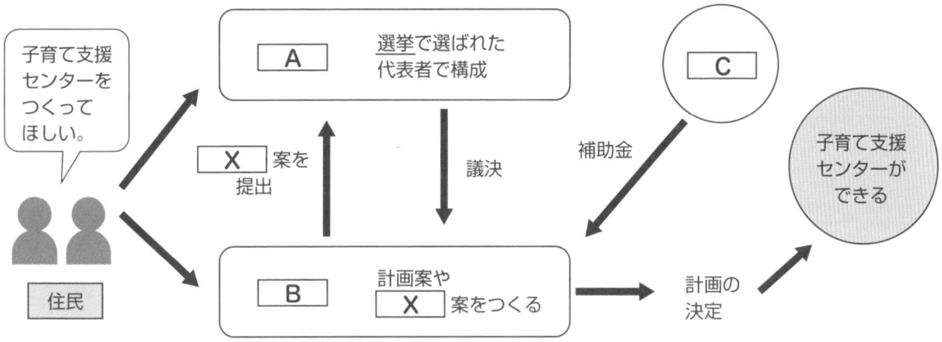

(1) A ～ C にあてはまるものを，次の**ア**～**ウ**からそれぞれ選びましょう。

A〔　　　　　〕　B〔　　　　　〕　C〔　　　　　〕

ア 国や県　　**イ** 市役所　　**ウ** 市議会

(2) X にあてはまる語句を書きましょう。　〔　　　　　〕

(3) 図中の下線部について，選挙で投票できるのは何才以上の市民ですか。

〔　　　　　　　〕

😊 できなかった問題は，復習しよう。

1

次の①～③は，日本国憲法の3つの原則について述べています。これを読んで，あとの問いに答えましょう。　　　　　　　　　　　　　　【各6点　計24点】

> ①　だれもが生まれながらにしてもっている権利を大切にする。
>
> ②　国の政治のあり方を最終的に決める権利は　A　にある。
>
> ③　外国と争いが起こっても　B　をしない。そのために，陸・海・空軍などの　C　をもたない。

(1)　①の下線部の権利を何といいますか。　　　　　　　　〔　　　　　　　　〕

(2)　②，③の　A　～　C　にあてはまる語句を答えましょう。

　　A〔　　　　　　　　〕　B〔　　　　　　　　〕　C〔　　　　　　　　〕

2

次の問いに答えましょう。　　　　　　　　　　　　　　【各6点　計30点】

(1)　次の①～④と関係の深い権利をあとのア～エから1つずつ選び，記号で答えましょう。

①　政府の政策と異なる考え方を主張しても罰せられない。

②　性別などによって差別されない。

③　憲法を改正するかどうかを，最終的に国民投票で決める。

④　国は，収入が少なく生活ができなくなっている人を援助している。

　　ア　参政権　　　イ　健康で文化的な生活を営む権利

　　ウ　平等権　　　エ　思想や学問の自由

　　①〔　　　　　〕②〔　　　　　〕③〔　　　　　〕④〔　　　　　〕

(2)　日本国憲法で定めている国民の3つの義務は，子どもに教育を受けさせる義務と税金を納める義務のほか，もう1つは何ですか。

　　　　　　　　　　　　　　〔　　　　　　　　　　　　　〕

→ 答えは別冊13ページ

学習日	得点
月　　日	／100点

3

国の3つの機関について，次の表を見て，あとの問いに答えましょう。

【各6点　計30点】

国会	☐をつくることのできる唯一（ゆいいつ）の機関。
内閣（ないかく）	☐や予算にもとづいて実際に政治を進める。
裁判所（さいばんしょ）	憲法や☐にもとづいて，罪のあるなしを判断したり，争いごとを解決したりする。

(1) ☐に共通してあてはまる語句を答えましょう。 〔　　　　　　　〕

(2) 上に示されている国会・内閣・裁判所のそれぞれのはたらきを何といいますか。それぞれ漢字2字で答えましょう。

国会〔　　　　　　〕　内閣〔　　　　　　〕　裁判所〔　　　　　　〕

(3) 国会・内閣・裁判所について正しく説明しているものを次から1つ選び，記号で答えましょう。

ア　国会は予算案をつくり，内閣の承認（しょうにん）を受ける。

イ　外務大臣などの国務大臣は国会が任命する。

ウ　裁判では，国民も参加する制度が取り入れられている。

エ　内閣は，国会が結んだ条約を承認する。 〔　　　　　　　〕

4

次の文を読んで，あとの問いに答えましょう。 【各8点　計16点】

① ある市で，あきかんを道路に捨（す）てた人が市にお金をはらうことになった。

② スーパーマーケットで買い物をしたとき，税金をふくめて代金をはらった。

(1) ①でお金をはらうのは，市のきまりに違反（いはん）したためです。このきまりを何といいますか。 〔　　　　　　　〕

(2) ②の税金を何といいますか。 〔　　　　　　　〕

06 縄文時代と弥生時代はどうちがうの？

★ 狩りや採集から米づくり中心に

縄文時代，人々は動物や魚，貝をとったり，木の実などを集めたりしてくらしていました。弥生時代になると**米づくり**が広まり，米を主食とする生活になりました。

縄文時代のむら

木の実
たて穴住居
狩り
貝
漁

むらの近くには，食べた貝のからなどが捨てられて積もった**貝塚**ができた。

弥生時代のむら

たて穴住居
高床の倉庫（米をたくわえる）
米づくり

みんなで力を合わせて米をつくろう！

米づくりが広まり生活は安定した。人々をまとめる指導者も現れた。

★ 縄文土器からうすくて固い弥生土器に

縄文時代には**土器**が使われるようになりました。弥生時代になると，土器はうすく固くなり，米づくりのためのさまざまな道具が使われました。

縄文時代の道具

縄文土器…かざりが多く，縄目の文様のついているものが多い。

つり針
石の矢じり

（明治大学博物館）

魚をつる針は，動物の骨や角でつくったよ。

弥生時代の道具

弥生土器…かざりが少なく，うすくて固い。

石包丁
木のくわ

（東京大学総合研究博物館所蔵）

石包丁は稲の穂をかり取るときに使うんだ。

基本練習

→ 答えは別冊3ページ

1 ┃にあてはまる語句を書きましょう。

⑴ 縄文時代の人々は，┃　　　　　　┃や漁，木の実の採集などをしてく
らしていました。

⑵ ┃　　　　　　┃時代には，米づくりが広まり，食料生産が増えて，人々
の生活が安定しました。

⑶ 縄文時代や弥生時代の人々は，地面を浅くほって，屋根を草などでふい
た ┃　　　　　　　　　┃住居に住んでいました。

2 次の写真を見て，あとの問いに答えましょう。

Ⓐ（東京大学総合研究博物館所蔵）　Ⓑ（明治大学博物館）　Ⓒ（國學院大學博物館）

⑴ Ⓐ～Ⓒの写真の道具を，主に縄文時代に使われていたものと，主に弥生
時代に使われていたものに分けて，記号で答えましょう。

縄文時代 〔　　　　　　〕　　弥生時代 〔　　　　　　〕

⑵ Ⓒの道具を何といいますか。また，その使いみちを，次のア～ウから1
つ選びましょう。

名前 〔　　　　　　〕　　使いみち 〔　　　　　〕

ア 動物を狩る。　　イ 魚や貝をとる。　　ウ 稲の穂をかり取る。

(◠‿◠) できなかった問題は，復習しよう。

07 卑弥呼のくにはどんなくに？

★むらから小さなくにへ

　米づくりが広まると，田や用水などをめぐってむらどうしの争いが起こるようになりました。そして強いむらは周りのむらを従え，小さな**くに**になりました。

むらの指導者の中に，強い力で人々を支配し，**豪族**になる者が現れた。

わしは，富も力もあるぞ。

このころには身分の差がはっきりしてきた。

強いむらは小さなくにに成長し，**王**が生まれた。

この土地はわれわれのものだ！

わしが王だ！

このころのくにには，いつも争いに備えていたぞ。

敵を見張る物見やぐら

敵の攻撃を防ぐさくや堀

1～3世紀ごろの大きなむらの遺跡に**吉野ヶ里遺跡**がある。

★30ほどのくにを従えた卑弥呼の邪馬台国

　小さなくには，やがて大きなくににまとめられていきました。3世紀ごろ，女王の**卑弥呼**が治める**邪馬台国**は，30ほどのくにを従えていました。

卑弥呼には，女性の召使いが1000人もいた。

卑弥呼

卑弥呼はよくうらないをして，ふしぎな力をもっていた。

私がうらなったところによると…

卑弥呼は中国へ使いを送った。

中国の皇帝から祭りに使う鏡をもらっちゃった♪

銅の鏡（青銅器）

弥生時代には，大陸から日本に**青銅器**や**鉄器**が伝わった。

基本練習

→ 答えは別冊3ページ

1 ◻️ にあてはまる語句を書きましょう。また，（　　）の中で正しいほうを選びましょう。

(1) 弥生時代，◻️ が広まって食料生産が増えると，田や用水などをめぐってむらどうしの争いが起こるようになりました。

(2) むらの中でも強いむらは，周りのむらを従えて，小さな ◻️ になりました。

(3) 弥生時代には，大陸から（　石器・青銅器　）や鉄器が伝わりました。

(4) 邪馬台国の女王は，（　中国・朝鮮　）に使いを送り，皇帝から銅鏡などをさずかりました。

2 次の史料（中国の歴史の本の一部）を見て，あとの問いに答えましょう。

> 日本では，最も勢いのある邪馬台国が ◻️ **A** ◻️ ほどのくにを従えている。このくにの女王の ◻️ **B** ◻️ は，神のおつげを伝えて人々の心をとらえ，弟が女王の考えをもとにして政治を行っている。

(1) ◻️ **A** ◻️ にあてはまる数字を，次の**ア〜エ**から1つ選びましょう。

ア 10 **イ** 30 **ウ** 50 **エ** 100 〔　　　　〕

(2) ◻️ **B** ◻️ にあてはまる人物を答えましょう。

〔　　　　　　　〕

(3) 史料の時代の大きなむらのあとである，佐賀県にある右の写真の遺跡を何といいますか。

〔　　　　　　　〕

(ピクスタ)

😊 できなかった問題は，復習しよう。

08 古墳ってどんなもの？

★古墳は王や豪族の墓

　古墳は，その地域を支配していた王や豪族の墓です。古墳の中では，**前方後円墳**という形の古墳がとくに大きぼでした。古墳の周りには**はにわ**が置かれました。

★大王（のちの天皇）の率いる国が出現！

　4〜5世紀ごろ，大和（奈良県）や河内（大阪府）では，より大きな力をもつ国ができました。この国の政府を**大和朝廷（大和政権）**，中心となった王を**大王**といいます。

基本練習

→ 答えは別冊3ページ

1 にあてはまる語句を書きましょう。また，（　　　）の中で正しいほうを選びましょう。

(1) 3世紀ごろからつくられた 　　　　　 は，その地域を支配していた王や豪族の墓です。

(2) 　　　　　　　　 は，4〜5世紀ごろ，大和（奈良県）や河内（大阪府）にできた，大きな力をもつ国の政府です。

(3) (2)の中心となった王を 　　　　　 （のちの天皇）といいます。

(4) (2)はやがて，（　九州・北海道　）〜東北地方南部を支配しました。

2 次の写真を見て，あとの問いに答えましょう。

Ⓐ

(©Gakken)

Ⓑ

(東京国立博物館)

(1) Ⓐの写真のような形の古墳を何といいますか。次の**ア〜ウ**から1つ選びましょう。　　〔　　　　　〕

　　ア 方墳　　**イ** 円墳　　**ウ** 前方後円墳

(2) 古墳の上や周りに置かれた，Ⓑの写真のような人や家などをかたどった土製品を何といいますか。　　〔　　　　　〕

(3) 古墳づくりでも活やくした，大陸から日本に移り住み，すぐれた技術や文化を伝えた人々を何といいますか。　　〔　　　　　〕

😊 できなかった問題は，復習しよう。

復習テスト❷

2章 大昔のくらし

1 次の問いに答えましょう。 【各8点 計56点】

(1) 縄文時代の人々のくらしの様子は，食べた貝のからや捨てた土器などが積もってできた遺跡からもわかります。このような遺跡を何といいますか。

〔　　　　　　　　　　　〕

(2) 縄文時代に比べて弥生時代の社会はどのように変化しましたか。あてはまるものを次から2つ選び，記号で答えましょう。

ア 狩りや漁が生活の中心になった。

イ 身分の差がはっきりするようになった。

ウ 米づくりが広まった。

エ 土器が使われるようになった。

〔　　　　　〕〔　　　　　〕

(3) 右の写真は，弥生時代の遺跡である吉野ヶ里遺跡で，むらの周りにはさくや堀がつくられています。これについて説明した次の文の　□　にあてはまる内容を書きましょう。

(ピクスタ)

このころ，田や用水などをめぐってむらどうしの争いが起こっていたので，　□　ためにさくや堀がつくられた。

〔　　　　　　　　　　　　　　　　　　　　　　〕

(4) ①縄文土器の特ちょうにあてはまるもの，②弥生土器の特ちょうにあてはまるものを，次から1つずつ選び，記号で答えましょう。

ア 渡来人によって技術が伝えられ，かたくてじょうぶで水がもれにくい。

イ かざりが多く，縄目の文様がついているものが多い。

ウ うすくてかたく，もようが少ない。　①〔　　　　　〕②〔　　　　　〕

(5) 縄文時代や弥生時代の人々がくらしていた，地面を浅くほって，屋根を草などでふいた住居を何といいますか。　〔　　　　　　　　　　　〕

学習日	得点
☺　　月　　日	／100点

2 右の史料は，中国の古い歴史の本の一部です。これを読んで，次の問いに答えましょう。　【各10点　計20点】

右の枠内：
　□□□国の王はもとは男性だったが，戦いが続いたので，人々は女性の卑弥呼を王に立てた。弟が卑弥呼を助けて国を治めていて，1000人ほどの女性の召使いに囲まれている。

(1)　文中の□□□にあてはまる国の名を答えましょう。　〔　　　　　国〕

(2)　文中の卑弥呼についての説明にあてはまらないものを次から1つ選び，記号で答えましょう。

　ア　30ほどのくにを従えていた。

　イ　銅鏡などの青銅器を使っていた。

　ウ　よくうらないをして，ふしぎな力があった。

　エ　九州地方から東北地方南部までを支配していた。　〔　　　　　〕

3 次の文を読んで，あとの問いに答えましょう。　【各8点　計24点】

　4～5世紀ごろ，大和（奈良県）や河内（大阪府）では，□□□を中心とする豪族が強い勢力をもつようになった。□□□や豪族が死ぬと大きな古墳がつくられた。

(1)　文中の□□□に共通してあてはまる語句を書きましょう。　〔　　　　　〕

(2)　下線部の古墳のうち，右の写真のような形をした古墳のことを何といいますか。　〔　　　　　〕

(©Gakken)

(3)　古墳の上や周りに置かれた，人や動物，家などをかたどった土製品のことを何といいますか。　〔　　　　　〕

09 聖徳太子の国づくりって？

★天皇中心の新しい国づくり

聖徳太子は，天皇を助ける役職につき，天皇中心の新しい国づくりを進めました。

ちょっとくわしく！
天皇…7世紀ごろから，大王(おおきみ)の呼び名が天皇に変わっていった。

↓十七条の憲法（一部）
第1条　人の和を大切にしなさい。
第2条　仏教をあつく信仰しなさい。
第3条　天皇の命令は必ず守りなさい。

★中国の進んだ制度や文化も取り入れる!

聖徳太子は，隋（中国）の進んだ制度や文化，学問を取り入れるために，**遣隋使**を送りました。また，**仏教**をあつく信仰し，仏教を広めるために**法隆寺**を建てました。

↑法隆寺　　　　　（法隆寺）

1 [____]にあてはまる語句を書きましょう。また，（　　　）の中で正しいほうを選びましょう。

(1) 聖徳太子は，[_____]の制度を定めて，家がらにとらわれずに能力や功績のある者を役人に取り立てました。

(2) 聖徳太子は，中国の進んだ制度や文化，学問を取り入れるために，[_____]を送りました。

(3) 聖徳太子は，中国への使いとして，（　蘇我馬子・小野妹子　）らを送りました。

2 次の史料と写真を見て，あとの問いに答えましょう。

第1条　人の和を大切にしなさい。
第2条　a仏教をあつく信仰しなさい。
第3条　[　X　]の命令は必ず守りなさい。

(1) 史料は政治を行う役人の心構えを示したきまりです。このきまりを何といいますか。　　　　　　　　　　　　〔　　　　　　　　　〕

(2) 史料のきまりを定めたのはだれですか。
〔　　　　　　　　　〕

(3) 史料中の[　X　]にあてはまる語句を書きましょう。〔　　　　　〕

(4) 史料中の下線部aの仏教を広めるために，(2)の人物が奈良県に建てた写真の寺を何といいますか。　　　　　　〔　　　　　　　〕

😊 できなかった問題は，復習しよう。

右端タブ: 1章／2章／3章 貴族の世の中／4章／5章／6章／7章／8章／9章

10 奈良時代はどんな社会だった?

★天皇中心の全国支配のしくみが整う!

645年, **中大兄皇子**（のちの天智天皇）たちによる**大化の改新**が始まりました。8世紀の初めには, **律令**という法律もでき, 天皇中心の全国支配のしくみが整いました。

大化の改新

中臣鎌足

横暴な蘇我氏め! 許さん!

われわれが新しい国をつくるのだ!

中大兄皇子

蘇我入鹿

中大兄皇子らが蘇我氏をたおす。

唐（中国）の制度を手本にした国をつくろうと思う。

唐から帰国した留学生

協力します!

改革の方針が示された。

・すべての土地と人々は国のものとする。
・税のしくみを整える。

天皇中心の国をつくるためだよ。

★重い負担で苦しい農民の生活

694年, 藤原京が築かれ, その後, 都は**平城京**（奈良県）に移りました。都では貴族たちがはなやかなくらしを送りましたが, 地方では農民が重い税に苦しみました。

710年, 奈良に, 唐の都にならった都（平城京）ができた。

りっぱな都だなあ。それにひきかえ, 私たち農民のくらしは…

都のくらしを支える農民にはこういう負担（税）があった。

租　収かくした稲の約3%を納める

庸　都で働くか, 布を納める

調　織物や地方の特産物を納める

自分たちで都まで運ぶんだ。

兵役もあった

九州北部の守りにつく防人など

基本練習

➡ 答えは別冊4ページ

1 [   ] にあてはまる語句を書きましょう。また，（   ）の中で正しいほうを選びましょう。

(1) 645年，[   ]（のちの天智天皇）が中臣鎌足らと協力し，[   ]氏をたおして政治改革を始めました。

(2) (1)の政治改革を [   ] といいます。

(3) (1)の政治改革では，すべての土地と人々は（　豪族・国　）のものとする方針が示されました。

2 次の年表と資料を見て，あとの問いに答えましょう。

年表

694年	**X** 京が奈良に完成
8世紀初め	**a** 新しい法律を定める
710年	都が **Y** 京に移る

資料

| ① …織物や地方の特産物を納める。 |
| ② …都で働くか，布を納める。 |
| ③ …収かくした稲を納める。 |

(1) 年表中の **X** ，**Y** にあてはまる語句を書きましょう。

X〔   〕 Y〔   〕

(2) 年表中の下線部 **a** の法律を何といいますか。漢字2字で答えましょう。

〔   〕

(3) 資料は，(2)で定められた農民の主な負担（税）を示しています。 ① ～ ③ にあてはまるものを，次の**ア**～**エ**からそれぞれ選びましょう。

①〔   〕 ②〔   〕 ③〔   〕

ア 兵役　**イ** 租　**ウ** 庸　**エ** 調

☺ できなかった問題は，復習しよう。

11 なぜ奈良の大仏をつくったの？

★社会の不安をしずめて，国を守ろうとした

奈良時代，**聖武天皇**は，仏教の力で国を安らかに治めようと，国ごとに**国分寺**を建てさせ，奈良の都に**東大寺**と金銅の**大仏**をつくらせました。

★さかんだった外国との交流

聖武天皇は唐（中国）の進んだ文化を取り入れたので，唐の影響を受けた，世界とのつながりのある**大陸の文化**が栄えました。

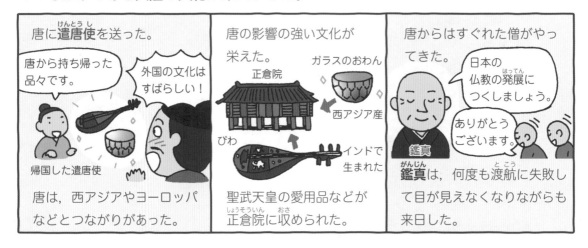

基本練習

→ 答えは別冊4ページ

1　____にあてはまる語句を書きましょう。また，（　　）の中で正しいほうを選びましょう。

(1)　奈良時代，聖武天皇は，____の力で国を安らかに治めようと，国ごとに（　法隆寺・国分寺　）を建てさせました。

(2)　東大寺にある____には，聖武天皇の愛用品や，中国の（　唐・隋　）からもたらされた工芸品などが収められました。

(3)　奈良時代，中国のすぐれた僧である____は，何度も渡航に失敗しながらも日本にやってきて正しい仏教の教えを広めました。

2　次の史料と写真を見て，あとの問いに答えましょう。

　私は，仏教の力によって，国中が幸せになることを願っている。そこで，国中の銅を使って大仏をつくりたいと思う。

（東大寺）

(1)　史料の命令を出した天皇はだれですか。　〔　　　　　〕

(2)　写真の大仏がある寺を何といいますか。　〔　　　　　〕

(3)　写真の大仏づくりに協力した僧を，次のア〜エから1人選びましょう。

〔　　　　　〕

ア　空海　　イ　行基　　ウ　小野妹子　　エ　中臣鎌足

😊 できなかった問題は，復習しよう。

12 藤原道長はどんな人だったの？

★藤原道長は政治の実権をにぎった有力貴族

794年，都が**平安京**（京都府）に移り，**平安時代**をむかえました。平安京では，一部の貴族が政治を動かしました。とくに**藤原道長**は，11世紀の初めごろ，天皇との結びつきを強めて，大きな力をもちました。

藤原道長はむすめたちを次々に天皇のきさきにした。

天皇　むすめ
天皇　むすめ
天皇　むすめ

藤原道長

これで私は次の天皇のおじいちゃんじゃ。

政治の実権をにぎった。

幼い天皇　道長のむすめ

孫である天皇に代わって私が政治を行う！

思いどおりの政治を行った。

この世をば　わが世とぞ思ふもち月の　欠けたることもなしと思へば

※「この世は私のものだ。何も欠けているものはなく，満月のようだ。」という意味。

★はなやかな貴族のくらし

貴族は寝殿造の広いやしきに住んで，**囲碁**や**けまり**などを楽しみ，はなやかなくらしを送っていました。

寝殿造

囲碁

けまり

藤原道長は，都に寝殿造のやしきを数か所もっていたんだって。すごいよね。

基本練習

答えは別冊4ページ

1 ＿＿＿にあてはまる語句を書きましょう。また，（　　　）の中で正しいほうを選びましょう。

⑴　794年，都が平安京に移り，＿＿＿＿＿時代をむかえました。

⑵　藤原道長は，自分のむすめたちを次々に＿＿＿＿＿のきさきにして天皇と親せきとなり，大きな力をもちました。

⑶　貴族は囲碁や（　漁・けまり　）などを楽しみ，はなやかなくらしを送っていました。

2 次の史料を見て，あとの問いに答えましょう。

> この世をば　わが世とぞ思ふ（う）　もち月の
> 欠けたることも　なしと思へば（え）

⑴　史料の歌をよんだ人物はだれですか。　〔　　　　　　　〕

⑵　歌の意味を表した次の文の＿＿＿＿＿にあてはまる語句を書きましょう。　〔　　　　　　　〕

◆　この世は私のものだ。何も欠けているものはなく，＿＿＿＿＿のようだ。

⑶　⑴の人物などこの時代の貴族は，右の写真の模型のようなやしきに住んでいました。写真のやしきに取り入れられている建物のつくりを何といいますか。　〔　　　　　〕

(国立歴史民俗博物館所蔵)

☺ できなかった問題は，復習しよう。

13 平安時代の文化の特ちょうは？

★ 美しく，はなやかな日本風の文化

　貴族のゆうがなくらしの中で，男性の正装の**束帯**や女性の正装の**十二単**が生み出されました。そして，朝廷を中心に，美しく，はなやかな日本風の文化（国風文化）が発達し，**紫式部**が小説，**清少納言**が随筆を書きました。

|束帯|
朝廷の公式
行事で着用。

|十二単|
着物を何枚も
重ね着する。

十二単は，全体の重さが約16kgにもなったんだって。重くて大変～

朝廷に仕える女性が活やくした。

紫式部

すてきな物語を書きたいわ。

代表作は『源氏物語』

私は随筆を書こうと思うの。

代表作は『枕草子』　清少納言

漢字から**かな文字**がつくられた。かな文字は主に女性が使った。

安 → あ ♪

かな文字って漢字よりも気持ちを表現しやすいのよね☆

大和絵が生まれた。

日本独自の絵で，貴族の生活の様子などをえがいたよ。

★ 今に伝わる年中行事

　平安時代は，貴族によって**年中行事**がさかんに行われ，お正月，端午の節句，七夕などの行事が今に伝えられています。

平安時代に行われた主な年中行事

1月　お正月	7月　七夕
3月　桃の節句	8月　お月見
5月　端午の節句	12月　大はらい

1 □□□□□にあてはまる語句を書きましょう。

(1) 平安時代，朝廷を中心に発達した，美しく，はなやかな日本風の文化を □□□□□ 文化といいます。

(2) 平安時代には，漢字から □□□□□ 文字がつくられ，気持ちを文章に表現しやすくなりました。

(3) 今に伝わるお正月，端午の節句，七夕などの □□□□□ 行事は，平安時代に貴族の間でさかんに行われました。

2 『源氏物語』の一場面をえがいた次の絵を見て，あとの問いに答えましょう。

(徳川美術館所蔵 ©徳川美術館イメージアーカイブ /DNPartcom)

(1) 貴族の生活ぶりをえがいた，上のような絵を何といいますか。

〔　　　　　　　　〕

(2) 『源氏物語』を書いた人はだれですか。

〔　　　　　　　　〕

(3) 上の絵の中で，貴族の女性が着ている服装を何といいますか。

〔　　　　　　　　〕

できなかった問題は，復習しよう。

復習テスト❸

3章 貴族の世の中

1

右の資料を見て，次の問いに答えましょう。　　【各10点　計30点】

(1) 資料1は聖徳太子が定めたきまりの一部です。 A にあてはまる語句を書きましょう。

〔　　　　　　　　　〕

資料1

第1条　人の和を大切にしなさい。

第2条　 A をあつく信仰しなさい。

第3条　天皇の命令は必ず守りなさい。

資料2

― 使者の交通路

飛鳥（あすか）

長安（ちょうあん）

C

0　1000km

(2) 聖徳太子が資料1のきまりを定めた目的について，次の B にあてはまる語句を書きましょう。

B 中心の国をつくるため，役人の心構えを示そうとした。

〔　　　　　　　　　〕

(3) 資料2のCの国は，進んだ制度や文化を取り入れるために，聖徳太子が使者を送った国です。Cの国名を漢字1字で答えましょう。

〔　　　　　　　　　〕

2

次の文を読んで，あとの問いに答えましょう。　　【各10点　計30点】

645年，中大兄皇子と中臣鎌足は，蘇我氏をたおし，①政治改革を始めた。その後，法律（律令）も定められ，②税など国のしくみが整えられた。

(1) 下線部①の改革を何といいますか。　　〔　　　　　　　　　〕

(2) 下線部②の内容として正しいものを次から2つ選び，記号で答えましょう。

ア　農民に対する税の1つに，収かくに応じて稲を納める租があった。

イ　成年男子には，九州北部の守りにつく防人という兵役の義務があった。

ウ　有能な役人を取り立てるため，冠位十二階の制度が定められた。

エ　豪族は土地や農民を私有することが認められた。〔　　〕〔　　〕

036

学習日	得点
月　　日	／100点

3

右の写真を見て，次の問いに答えましょう。　　　　　【各8点　計24点】

(1)　この大仏をつくらせた天皇はだれですか。

〔　　　　　　　　　　〕

(2)　この大仏づくりに協力した僧はだれですか。

〔　　　　　　　　　　〕

(東大寺)

(3)　この大仏がつくられたころのできごとに<u>あてはまらないもの</u>を次から1つ選び，記号で答えましょう。

ア　中国の都にならってつくられた平城京が栄えた。

イ　中国から僧の鑑真が来日して正しい仏教の教えを広めた。

ウ　小野妹子が留学生や僧とともに中国にわたった。

エ　国ごとに国分寺が建てられた。　　　　　　　　〔　　　　　　〕

4

次の文を読んで，あとの問いに答えましょう。　　　　【各8点　計16点】

> 　平安時代は，①一部の有力な貴族が政治を動かし，はなやかなくらしを送っていた。このころは，日本独自の文字である②かな文字を使ったすぐれた文学作品が生まれるなど，美しく，はなやかな日本風の文化が栄えた。

(1)　下線部①について，なかでも，右の人物は，天皇との結びつきを強めて，大きな力をもちました。どのような方法で天皇との結びつきを強めたのか，答えましょう。

(藤田美術館)

〔　　　　　　　　　　　　　　　　　〕

(2)　下線部②のうち，『源氏物語』の作者を次から選び，記号で答えましょう。

ア　紫式部　　イ　山上憶良　　ウ　卑弥呼　　エ　清少納言

〔　　　　　　〕

14 源平の戦いってどんなもの？

★平氏と源氏は武士の二大勢力

　平安時代の中ごろから，地方の豪族などが武装して**武士**になりました。武士は一族のかしらを中心に**武士団**をつくり，その中でも勢いが強かったのが**平氏**と**源氏**でした。

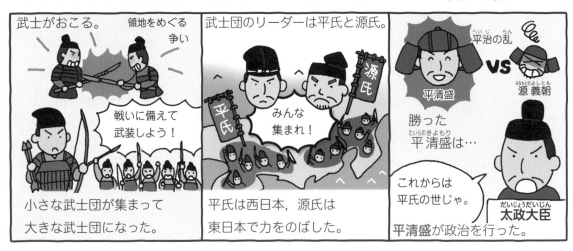

★おごる平氏に源氏が立ち上がる！

　平清盛は，むすめを天皇のきさきにするなど，藤原氏と同じような政治を行いました。そのため，貴族やほかの武士の不満が高まりました。

1 ☐にあてはまる語句を書きましょう。また，（　）の中で正しいほうを選びましょう。

(1) 平安時代，武士の二大勢力として，東日本では（　平氏・源氏　），西日本では（　平氏・源氏　）が力をのばしました。

(2) 平氏は，一族で朝廷（ちょうてい）の重要な地位や役職を独占し，☐と親せき関係となって力をふるいました。

(3) 源頼朝の弟の☐は，平氏との戦いで活やくし，のちに頼朝と対立しました。

2 次の写真と，写真の人物の年表を見て，あとの問いに答えましょう。

1159年	平治の乱で源義朝を破る
1167年	**A** になる
1172年	むすめを天皇のきさきにする
1180年	孫が天皇になる

（宮内庁三の丸尚蔵館）

(1) 写真の人物はだれですか。 〔　　　　　　〕

(2) 年表中の **A** にあてはまる役職を，次の**ア〜エ**から1つ選びましょう。 〔　　　　　　〕

　ア 摂政（せっしょう）　**イ** 関白（かんぱく）　**ウ** 征夷大将軍（せいいたいしょうぐん）　**エ** 太政大臣

(3) 写真の人物が率いていた一族がほろびたのは，山口県のどこで行われた戦いですか。次の**ア〜エ**から1つ選びましょう。 〔　　　　　　〕

　ア 壇ノ浦　**イ** 一ノ谷（いちのたに）　**ウ** 富士川（ふじがわ）　**エ** 屋島（やしま）

☺ できなかった問題は，復習しよう。

15 鎌倉幕府の政治はどんな政治?

★源頼朝が武士の政府をつくる!

平氏をほろぼした**源頼朝**は，家来の武士を従え，鎌倉（神奈川県）に武士の政府をつくりました。この政府を**鎌倉幕府**といいます。

★源氏のあと政治の実権をにぎったのは北条氏!

頼朝の死後，**北条氏**が**執権**（将軍に代わって政治を行う役職）について政治の実権をにぎりました。そして，朝廷をおさえて支配を広げていきました。

その後，武士の法律や制度も整えられ，幕府の力はいっそう強まりました。

1 □□□ にあてはまる語句を書きましょう。また，（　　）の中で正しいほうを選びましょう。

(1)　平氏をたおした □□□□□ は，国ごとに（　地頭・守護　）を置き，村には（　地頭・守護　）を置いて，地方にも支配を広げました。

(2)　(1)の人物は，（　鎌倉・京都　）に幕府を開いて武士の政治を始めました。1192年には，朝廷から □□□□□□□ に任命されました。

(3)　(1)の人物の死後，□□□□□ 氏が執権について政治を行いました。

2 次の図と写真を見て，あとの問いに答えましょう。

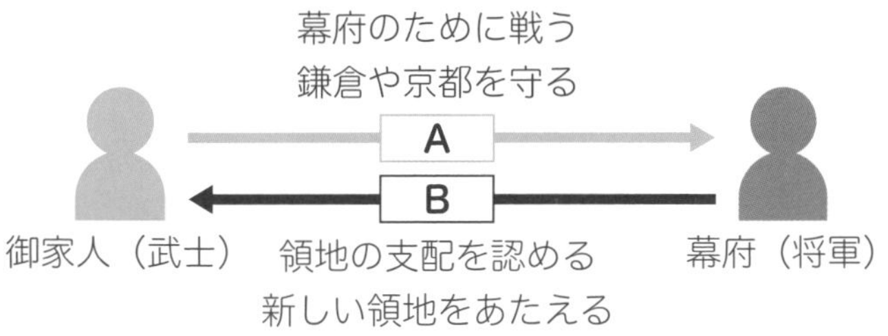

幕府のために戦う
鎌倉や京都を守る

A
B

御家人（武士）　領地の支配を認める
新しい領地をあたえる
幕府（将軍）

（安養院）

(1)　図中の **A** にあてはまる語句を，2字で答えましょう。

〔　　　　　　〕

(2)　図中の **B** にあてはまる語句を，2字で答えましょう。

〔　　　　　　〕

(3)　源氏の将軍が3代で絶え，承久の乱が起きたとき，御家人に源頼朝の **B** を説いた写真の人物はだれですか。

〔　　　　　　〕

☺ できなかった問題は，復習しよう。

16 元との戦いってどんなだったの？

★元は大軍でせめてきたが，2度とも引きあげる！

13世紀後半，中国の元は，日本を従えようと2度にわたってせめてきました。これを元寇といいます。武士たちは必死に戦い（一所懸命），元は引きあげました。

★御家人たちの幕府への不満が高まる！

武士たちは元軍と命がけで戦いましたが，元寇後，幕府からほうびの領地をもらえた者はわずかでした。そのため，武士の間に幕府への不満が高まりました。

基本練習

→ 答えは別冊5ページ

1 □ にあてはまる語句を書きましょう。

(1) 13世紀，モンゴルが □ を支配して元という国をたて，その皇帝は日本を従えようとして使者を送ってきました。

(2) 鎌倉幕府の執権だった □ は，元の要求を退け，元との戦いに備えました。

(3) 13世紀後半に起こった，元軍との2度にわたる戦いを □ といいます。

2 元との戦いをえがいた次の絵を見て，あとの問いに答えましょう。

（宮内庁三の丸尚蔵館）

(1) 絵の中で，元軍は左右どちらの軍ですか。左か右で答えましょう。

〔　　　　〕

(2) 元軍がせめてきた地方を，次の**ア**～**エ**から1つ選びましょう。

〔　　　　〕

ア 関東地方　　**イ** 中国地方　　**ウ** 四国地方　　**エ** 九州地方

(3) 元軍が用いた戦法や兵器を，上の絵も参考に，次の**ア**～**エ**から2つ選びましょう。

〔　　　　〕

ア てつはう　　**イ** 大砲　　**ウ** 集団戦法　　**エ** 一騎打ち

できなかった問題は，復習しよう。

17 室町幕府の将軍はどんな人?

★足利尊氏が幕府を開き，義満のころ全盛期!

14世紀中ごろ，鎌倉幕府がたおれると，足利氏が新しい幕府（**室町幕府**）を開きました。室町幕府は3代将軍**足利義満**のころ，とくに力が強くなりました。

★幕府の力がおとろえる!

足利義政のころ，**応仁の乱**という大きな戦乱が起こりました。この戦いののち各地で戦乱が続く**戦国の世**になり，世の中が乱れ，幕府の力はおとろえました。

1 ◻︎◻︎◻︎ にあてはまる語句を書きましょう。また，（　　）の中で正しいほうを選びましょう。

(1) 14世紀中ごろ，鎌倉幕府がたおれたのち，（　源頼朝・足利尊氏　）が京都に新しい幕府を開きました。

(2) 足利氏の幕府を ◻︎◻︎◻︎ といいます。

(3) 足利義政が将軍のころ，京都では ◻︎◻︎◻︎ という大きな戦乱が起こりました。

(4) 足利義政は，京都の東山に別荘の ◻︎◻︎◻︎ を建てました。

2 次の写真と，写真の人物の年表を見て，あとの問いに答えましょう。

（鹿苑寺 蔵）

1368年	征夷大将軍になる
1378年	京都の室町に花の御所をつくる
1397年	京都の北山に　A　を建てる
1404年	中国の　B　と貿易を始める

(1) 写真の人物はだれですか。　〔　　　　　〕

(2) 年表中の　A　にあてはまる建物を答えましょう。

〔　　　　　〕

(3) 年表中の　B　にあてはまる国名を，次のア～エから1つ選びましょう。　〔　　　　　〕

ア 隋　イ 唐　ウ 明　エ 元

😊 できなかった問題は，復習しよう。

18 室町文化ってどんな文化？

★代表的な建物は金閣と銀閣

　室町時代，金閣を建てた3代将軍**足利義満**のころははなやかな文化が，銀閣を建てた8代将軍**足利義政**のころは質素で深みのある文化が栄えました。

義満が建てたはなやかな**金閣**

足利義満
貴族のやしきのつくりもとり入れたぞ。

義政が建てた落ち着いたつくりの**銀閣**

書院造は，現在の和室のもとになっている。

たたみや障子などを使った部屋だよ。

足利義政

↑書院造の部屋

★今に残るさまざまな文化

　室町時代には，**能（能楽）**や**すみ絵（水墨画）**が大成されました。また，**茶の湯**や**生け花**など，現在にも受けつがれているさまざまな文化が広まりました。

伝統芸能の**能**や**狂言**

能は観阿弥・世阿弥父子が大成した。

雪舟が大成した**すみ絵**

↑「秋冬山水図」（東京国立博物館蔵 / Image:TNM Image Archives）

すみ一色で自然などをえがきました。

お茶やお花

茶の湯

茶を楽しむ。

生け花

書院造の床の間にかざった。

基本練習

答えは別冊6ページ

1 ▢▢▢▢ にあてはまる語句を書きましょう。また，（　　）の中で正しいほうを選びましょう。

(1) 伝統芸能の ▢▢▢▢▢ は，室町時代に観阿弥・世阿弥父子が大成しました。

(2) ▢▢▢▢▢ は，すみ一色で自然などをえがいた絵です。室町時代に，（　鑑真(がんじん)・雪舟　）が大成しました。

(3) 現在にも受けつがれている室町時代の文化には，▢▢▢▢ の湯や生け花などがあります。

2 次の絵を見て，あとの問いに答えましょう。

Ⓐ
(絵・卯月)

Ⓑ
(絵・実田くら)

Ⓒ
(絵・ゼンジ)

(1) Ⓐの絵の建物を建てたのはだれですか。　〔　　　　　　　〕

(2) Ⓑの絵の建物を建てたのはだれですか。　〔　　　　　　　〕

(3) Ⓒの絵の部屋のように，たたみや障子などを使った現在の和室につながっている建築様式を何といいますか。　〔　　　　　　　〕

(4) Ⓒの絵の部屋は，ⒶとⒷのどちらの建物と同じ敷地内(しきちない)にありますか。記号で答えましょう。　〔　　　　　　　〕

😊 できなかった問題は，復習しよう。

1

次の文を読んで，あとの問いに答えましょう。 【各8点 計24点】

> 平氏をたおした 源 頼朝は，<u>家来の武士と主従関係を結び</u>，武士のかしらとして征夷大将軍に任命され，武士の政治を始めた。

(1) 文中の下線部について，右の図は幕府（将軍）と家来の武士（御家人）とのご恩と奉公の関係を示しています。奉公を示しているのは**ア・イ**のどちらですか。 〔　　　　　〕

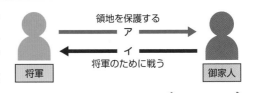

領地を保護する
ア →
← イ
将軍のために戦う

将軍　　御家人

(2) 御家人がついた役職の1つで，村に置かれ，年貢の取り立てなどを行った役職を何といいますか。 〔　　　　　〕

(3) 頼朝の死後，幕府の実権は，ある役職についた北条氏がにぎりました。この役職を何といいますか。 〔　　　　　〕

2

右の絵を見て，次の問いに答えましょう。 【(1)8点，(2)各7点 計22点】

(1) 右の絵は，鎌倉時代，ある国が日本にせめてきたときの様子です。ある国とはどこですか。 〔　　　　　〕

(宮内庁三の丸尚蔵館)

(2) (1)との戦いについて述べた文として正しいものを次から2つ選び，記号で答えましょう。

ア 幕府は北条時宗が指揮した。

イ (1)の軍は鎌倉にせめてきた。

ウ 戦いに参加した御家人は，ほうびとして多くの領地を手に入れた。

エ (1)の軍は集団戦法で御家人たちを苦しめた。 〔　　　　〕〔　　　　〕

学習日		得点
月	日	／100点

3

次の文を読んで，あとの問いに答えましょう。 【各9点　計27点】

> ①足利氏が将軍として政治を行った室町時代には，②現在にも受けつがれているさまざまな文化が広まった。

(1) 下線部①の足利氏について正しく述べている文を次から2つ選び，記号で答えましょう。

ア 足利義満は，鎌倉幕府をたおして新しい幕府を開いた。

イ 足利尊氏は，中国の明と貿易を行った。

ウ 足利義政のころ，応仁の乱という大きな戦乱が起こった。

エ 足利義満は金閣を建て，足利義政は銀閣を建てた。

〔　　　〕〔　　　〕

(2) 下線部②について，右の写真の伝統芸能は，室町時代に観阿弥・世阿弥父子が大成したものです。この伝統芸能を何といいますか。　〔　　　　　〕

(ピクスタ)

4

右の年表を見て，次の問いに答えましょう。 【各9点　計27点】

(1) ［　　　］にあてはまる人物の名前を書きましょう。　〔　　　　　〕

(2) **A**と**B**のころのできごとを次から1つずつ選び，記号で答えましょう。

ア 鎌倉幕府がほろんだ。

イ 壇ノ浦の戦いが起こった。

ウ 御成敗式目が制定された。

年代	できごと
1159	平治の乱が起こる
1167	［　　　］が太政大臣になる
	〈　**A**　〉
1192	源頼朝が征夷大将軍になる
1221	幕府と朝廷の戦いが起こる
	〈　**B**　〉
1274 1281	｝元との戦いが起こる

A〔　　　〕 B〔　　　〕

19 ヨーロッパから伝わったのはどんなもの?

★ 鉄砲やキリスト教が伝わる!

　日本各地で戦国大名が戦っていたころ,ヨーロッパ人がアジアに進出しました。かれらは日本にもやってきて,1543年に鉄砲を,1549年にキリスト教を伝えました。

ポルトガル人が,種子島（鹿児島県）に鉄砲を伝える。
鉄砲
種子島

その後,堺（大阪府）などで生産。

スペインの宣教師フランシスコ・ザビエルが,鹿児島にキリスト教を伝える。

ザビエルは西日本を回って,キリスト教を広めた。
山口
京都
鹿児島

キリスト教の信者となる戦国大名もいた。

★ 南蛮貿易がさかんに!

　堺や長崎,平戸（長崎県）などの港町は,スペインやポルトガルなどの国々との貿易（南蛮貿易）によって,大いに栄えました。

ヨーロッパの国々からは鉄砲や火薬,中国産の生糸などが日本にもたらされた。
持ってきたよ〜!
生糸
鉄砲
わーい♪

日本からは銀や金,工芸品などが外国へわたった。
やったね!
銀
漆器
金
お返しにどうぞ!

カステラやカルタは,このころにスペインやポルトガルから伝わったんだって。今では日本語として使われているね。

基本練習

→ 答えは別冊6ページ

1 ___ にあてはまる語句を書きましょう。また，（　）の中で正しいほうを選びましょう。

(1)　日本各地で戦国大名が戦っていたころ，（　ヨーロッパ・アメリカ　）人がアジアに進出しました。

(2)　1543年，ポルトガル人が鹿児島県の（　屋久島・種子島　）にたどり着き，___ を伝えました。

(3)　1549年，スペインの宣教師が鹿児島に ___ 教を伝えました。

2 次の史料を見て，あとの問いに答えましょう。

(神戸市立博物館所蔵　Photo:Kobe City Museum/DNPartcom)

(神戸市立博物館所蔵　Photo:Kobe City Museum/DNPartcom)

(1)　Ⓐは，16世紀後半に，堺や長崎などの港町を中心に行われた貿易の様子です。この貿易を何といいますか。　〔　　　　　　〕

(2)　(1)の貿易の相手国を，次のア〜エから2つ選びましょう。
　　　〔　　　　　　〕

　　ア　アメリカ　　イ　ポルトガル　　ウ　中国　　エ　スペイン

(3)　同じころ，日本にキリスト教を伝えたⒷの人物はだれですか。
　　　〔　　　　　　〕

😊 できなかった問題は，復習しよう。

20 織田信長はどんなことをした人?

★織田信長は他の大名を次々と破る!

各地で戦国大名が争っていた16世紀後半, 織田信長は他の大名を破って力をのばしていきました。**長篠の戦い**では, **鉄砲**を有効に使って勝利をおさめました。

★安土城を築き, 商工業をさかんに

信長は, **天下統一**を目指して**安土**(滋賀県)に城を築きました。そして, 商業や工業をさかんにするなど新しい政治を進めましたが, 統一途中でたおれました。

5章　天下統一と江戸幕府の成立

1 ［　　　　　　］にあてはまる語句を書きましょう。また，（　　　）の中で正しいほうを選びましょう。

(1)　織田信長は滋賀県の［　　　　　　　　］に城を築いて，天下統一事業の本拠地としました。

(2)　織田信長は，(1)の城下町で，（　農業・商業　）をさかんにするために楽市・楽座という政策を行いました。

(3)　織田信長は，（　キリスト・仏　）教を保護しました。

(4)　織田信長は，天下統一の途中で，家来の（　徳川家康・明智光秀　）にそむかれ，自害しました。

2 織田・徳川連合軍と武田軍の戦いをえがいた次の絵を見て，あとの問いに答えましょう。

（徳川美術館所蔵　©徳川美術館イメージアーカイブ/DNPartcom）

(1)　絵の戦いを，次のア〜ウから1つ選びましょう。　　　　〔　　　　　〕

　　ア　壇ノ浦の戦い　　イ　桶狭間の戦い　　ウ　長篠の戦い

(2)　織田・徳川連合軍は，絵の右側・左側のどちらですか。〔　　　　　〕

(3)　絵の戦いで織田・徳川連合軍が有効に使った武器は何ですか。

　　　　　　　　　　　　　　　　　　　　　　　　　　〔　　　　　〕

😊 できなかった問題は，復習しよう。

21 豊臣秀吉はどんなことをした人？

★豊臣秀吉は天下統一を果たす！

織田信長に仕えていた豊臣秀吉は，信長にそむいた明智光秀をたおしました。そして，朝廷から関白に命じられ，全国の大名を従えて天下統一を果たしました。

豊臣秀吉は，信長の下で有力な武将になった。

お前は見こみのあるやつだ。

信長が死ぬと…

何？
信長様が光秀に？
許せん！

明智光秀をたおす。

信長様のあとをつぐのはわしだ！

大阪城を築く。

ここが天下統一の本拠地じゃ！

1590年，天下統一！

金や銀の鉱山や大都市も支配した。

これで大名はすべて支配したぞ！

★検地や刀狩を行う！

秀吉は，検地や刀狩によって，全国の土地と人々を武士が支配する社会をつくろうとしました。また，中国の明を支配しようと，朝鮮に大軍を送りました。

| 検地 | 全国の田畑の面積や収かく量，耕作者などを調べた。 |

百姓は決められた年貢をしっかり納めるのだぞ！

| 刀狩 | 一揆を防ぐため，百姓から武器を取り上げた。 |

諸国の百姓が刀，やり，鉄砲などの武器を持つことを固く禁止する。

もう反抗できなくなるな。

検地と刀狩の結果…

●武士と百姓・町人の身分が区別されはじめた。

百姓は耕作に専念せよ。

●住むところも分けられた。

百姓は農村など。武士・町人は城下町。

※百姓…村に住み，農業・漁業・林業などにたずさわる人々。

1 ___ にあてはまる語句を書きましょう。また，（　　）の中で正しいほうを選びましょう。

(1) 豊臣秀吉は，（　織田信長・明智光秀　）のあとをついで統一事業を進めました。秀吉が天下統一の本拠地とした城は，_____ です。

(2) 豊臣秀吉は，全国の田畑の面積や収かく量，耕作者などを調べる _____ を行って，百姓に決められた（　特産物・年貢　）を納めさせるようにしました。

(3) 豊臣秀吉は明を支配しようと，_____ に大軍を送りました。

2 次の史料と写真を見て，あとの問いに答えましょう。

> ― 諸国の百姓が刀，やり，鉄砲などの武器を持つことを固く禁止する。
> ― 取り上げた刀などは，大仏のくぎなどにする。

(高台寺)

(1) 史料の命令を何といいますか。解答らんに合わせて答えましょう。

〔　　　　　令〕

(2) 史料の命令を出した，写真の人物はだれですか。

〔　　　　　　〕

(3) 史料の命令は，百姓の何を防ぐためのものでしたか。

〔　　　　　　〕

(4) 史料の命令と検地によって，だれと百姓・町人の身分が区別されはじめましたか。

〔　　　　　　〕

😊 できなかった問題は，復習しよう。

22 どのようにして江戸幕府ができたの？

★徳川家康が江戸幕府を開く!

豊臣秀吉の死後，勢いを強めた**徳川家康**と石田三成を中心とする豊臣方の大名が対立し，1600年，**関ヶ原の戦い**（岐阜県）が起こりました。この戦いに勝った家康が，江戸（東京都）に江戸幕府を開きました。

豊臣秀吉の死後…

次のリーダーは私だ！

徳川家康

家康に天下はとらせんぞ！

大名どうしの対立が深まる。

天下分け目の関ヶ原の戦いが起こる！

西軍（豊臣方）　　東軍（徳川方）
家康の東軍が勝利。

1603年，征夷大将軍になり，江戸に幕府を開いた。

さらに豊臣氏をほろぼす。

大阪城

これで強敵がいなくなったぞ。

★家康が幕府の基礎をきずく!

家康は，全国の大名を**親藩**（徳川家の親せき），**譜代**（古くからの徳川家の家来），**外様**（関ヶ原の戦いのあとに徳川家に従った大名）に分け，くふうして配置しました。

家康は大名を，幕府に都合のよい地域に配置した。

外様は信用できないから，遠い地域に置こう。

ギュン

将軍職を子の秀忠にゆずる。

徳川家が代々将軍になるぞ。

はい。父上。

秀忠

家康が将軍職についていたのは，たった2年なんだって。意外と短いね。

基本練習

→ 答えは別冊7ページ

1 ＿＿＿＿＿＿にあてはまる語句を書きましょう。また，（　　　）の中で正しいほうを選びましょう。

(1) 1603年，徳川家康は，朝廷から ＿＿＿＿＿＿＿＿＿＿ に任命されました。

(2) 関ヶ原の戦いのあとに徳川家に従った大名を（　外様・譜代　）といい，江戸幕府から警戒されて江戸から（　近いところ・遠いところ　）などに配置されました。

(3) 1605年，徳川家康は，将軍職を子の（　徳川家光・徳川秀忠　）にゆずりました。

2 次の写真と，写真の人物の年表を見て，あとの問いに答えましょう。

（臨済寺）

1598年	仕えていた豊臣秀吉が亡くなる
1600年	**A** の戦いに勝つ
1603年	幕府を開く……………………B
1615年	豊臣氏をほろぼす

(1) 写真の人物はだれですか。　　　　　〔　　　　　　　〕

(2) 年表中の **A** にあてはまる語句を書きましょう。〔　　　　　　　〕

(3) 年表中のBについて，写真の人物が幕府を開いた場所を，次の**ア～エ**から1つ選びましょう。　　　　　〔　　　　　　　〕

ア 大阪　　**イ** 江戸　　**ウ** 京都　　**エ** 奈良

😊 できなかった問題は，復習しよう。

23 江戸幕府はどのように大名を従えた?

★武家諸法度で大名を取りしまる!

江戸幕府は，全国の大名を取りしまるために，**武家諸法度**というきまりを定めました。きまりに反した大名は領地を取り上げられたり，他の土地に移されたりしました。

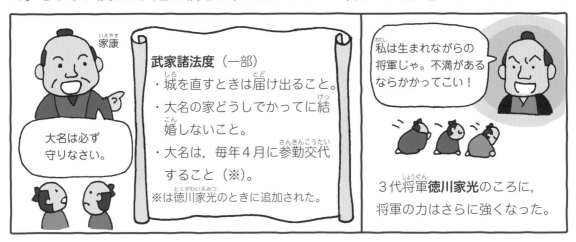

家康

大名は必ず守りなさい。

武家諸法度（一部）
・城を直すときは届け出ること。
・大名の家どうしでかってに結婚しないこと。
・大名は，毎年4月に参勤交代すること（※）。
※は徳川家光のときに追加された。

私は生まれながらの将軍じゃ。不満があるならかかってこい!

3代将軍**徳川家光**のころに，将軍の力はさらに強くなった。

★家光が参勤交代の制度を整える!

3代将軍の**徳川家光**は，大名に領地と江戸との間を行き来させる**参勤交代**の制度を整えました。江戸幕府のしくみも家光のころにほぼ確立し，世の中は安定しました。

参勤交代の制度を定めた。（大名を1年おきに江戸と領地に住まわせる）

私が定めたしくみだぞ。

家光

領地（藩）

参勤交代って出費が多くて大変なんだ。

大名

江戸のやしき

妻子は人質として江戸に住まわせる。

江戸

これだけ負担をかければ，だれも徳川に逆らえないな。

領地から江戸まで行くのに，薩摩藩（鹿児島県）は約40日間，佐賀藩は約30日間もかかったんだって。

1 □ にあてはまる語句を書きましょう。

(1) 江戸幕府は，全国の大名を取りしまるために， □

というきまりを定めました。

(2) (1)のきまりでは，大名の家どうしでかってに □ してはい

けないことや，城を修理するときは届け出ることなどが定められました。

(3) (1)のきまりに反した大名は □ を取り上げられたり，他の

土地に移されたりしました。

2 次の写真を見て，あとの問いに答えましょう。

(石川県立歴史博物館)

(1) 写真は，江戸時代につくられた制度によって，大名が家来を引き連れて

移動している様子です。この制度を何といいますか。

[　　　　　]

(2) (1)の制度を整えた，江戸幕府の3代将軍はだれですか。

[　　　　　]

(3) 写真で，大名は領地とどこの間を行き来しましたか。 [　　　　　]

😊 できなかった問題は，復習しよう。

1

　右の絵は，織田信長・徳川家康連合軍（左側）と武田氏の軍（右側）の戦いの様子です。これを見て，次の問いに答えましょう。　【各6点　計24点】

(1)　この戦いを何といいますか。

〔　　　　　　　　　〕

(徳川美術館所蔵　©徳川美術館イメージアーカイブ /DNPartcom)

(2)　絵の中で，左側の人々が使っている新しい武器は何ですか。

〔　　　　　　　　　〕

(3)　織田信長が行ったことを次から2つ選び，記号で答えましょう。

　ア　キリスト教を保護し，学校や教会堂を建てることを許した。

　イ　中国を支配するため，朝鮮に大軍を送った。

　ウ　全国の大名を従え，天下統一を果たした。

　エ　城下町で商工業をさかんにする政策を進めた。　〔　　　　〕〔　　　　〕

2

　次の①，②は豊臣秀吉が行った政策です。これを読んで，あとの問いに答えましょう。　【各6点　計24点】

①　全国の田畑の面積や収かく量，耕作者などを調べさせた。

②　百姓が刀ややり，鉄砲などを持つことを禁止した。

(1)　①，②の政策をそれぞれ何といいますか。

①〔　　　　　　　　　〕　②〔　　　　　　　　　〕

(2)　①，②の政策が行われた結果どうなりましたか。次からあてはまるものを2つ選び，記号で答えましょう。

　ア　百姓は一揆を起こしにくくなった。

　イ　貴族の私有地が広がった。

　ウ　武士と百姓の身分がはっきり分かれはじめた。　〔　　　　〕〔　　　　〕

答えは別冊15ページ

学習日	得点
月　　日	／100点

3 次の文を読んで，あとの問いに答えましょう。　　　　　【各7点　計28点】

> 　徳川家康は，①1600年に起こった戦いで豊臣側の大名を破り，1603年，江戸幕府を開いた。江戸幕府は，②①の戦いのあとに徳川家に従うようになった大名の動きを警戒し，その配置に気を配った。また，③大名が守るべききまりを定め，④参勤交代の制度を整えた。

(1)　下線部①の戦いを何といいますか。次から1つ選び，記号で答えましょう。
　　ア　桶狭間の戦い　　イ　壇ノ浦の戦い　　ウ　関ヶ原の戦い　　〔　　　　〕

(2)　下線部②の大名で，江戸から遠い地域に多く置かれた大名は何と呼ばれましたか。　　　　　　　　　　　　　　　　　　　　　　　〔　　　　〕

(3)　下線部③のきまりを何といいますか。　　　　　　　　〔　　　　〕

(4)　下線部④の制度を整えた3代将軍はだれですか。
　　　　　　　　　　　　　　　　　　　　　　　　〔　　　　〕

4 次の文の<u>この地</u>にあてはまるところを，下の地図中の**ア〜オ**から1つずつ選び，記号で答えましょう。　　　　　　　　　　　【各8点　計24点】

① 織田信長は，<u>この地</u>に城を築いて統一事業の本拠地としました。

② 徳川家康は，幕府を開いたのち，豊臣氏の本拠地である<u>この地</u>の城をせめ，豊臣氏をほろぼしました。

③ 1543年，ポルトガル人が<u>この地</u>に鉄砲を伝えました。

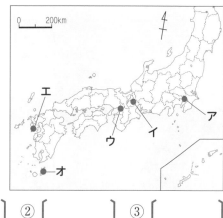

①〔　　　　〕　②〔　　　　〕　③〔　　　　〕

24 江戸時代はどんなくらしだった？

★百姓や町人が武士の生活を支える！

江戸時代の社会は，支配者の**武士**，**百姓**や**町人**，皇族や公家，仕事や住む場所で厳しい差別を受けた人々など，さまざまな**身分**の人々で構成されていました。

さまざまな身分

武士　世の中を支配

武士の生活を支える

百姓（農民など）　町人など（商人，職人など）

とくに百姓は日常生活も細かく指図された。

百姓はこのことを守るように！

一、酒や茶を買って飲んではならない。
一、麻と木綿のほかは着てはならない。

ぜいたくをしないできちんと年貢を納めよということだな…。

村は百姓が，村役人を中心に運営していた。
名主（庄屋）＝村役人のトップ

五人組がつくられ，年貢の納入などに共同で責任を負った。
5〜6けんが1組

★都市が栄え，町人が活やく！

江戸時代には，全国に城下町や門前町，宿場町，港町などの都市が栄えました。とくに**江戸**と**大阪**は，政治や経済の中心地として，多くの人でにぎわいました。

いろいろな都市が発達。
城を中心に城下町
寺社を中心に門前町
街道ぞいに宿場町

大都市が栄えた。
「将軍のおひざもと」江戸
人口100万人ごえの政治の中心地。
「天下の台所」大阪
全国から産物が集まる経済の中心地。

都市では大きな経済力をほこる商人が現れた。
金を貸してはくれんか？
大商人　武士

町人文化も生まれた。
お芝居を見に行こうよ！

基本練習

→ 答えは別冊7ページ

1 ＿＿＿にあてはまる語句を書きましょう。また，（　　）の中で正しいほうを選びましょう。

⑴　農村では，農家5〜6けんを1組とする ＿＿＿＿＿ がつくられ，年貢の納入などに共同で責任を負いました。

⑵　大名の城を中心に（　城下町・門前町　），街道ぞいには（　港町・宿場町　）が栄えました。

⑶　＿＿＿＿＿ は「将軍のおひざもと」と呼ばれた政治の中心地で，人口が100万人をこえました。

2 次のグラフと写真を見て，あとの問いに答えましょう。

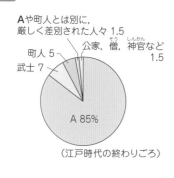

Aや町人とは別に，厳しく差別された人々 1.5
公家，僧，神官など 1.5
町人 5
武士 7
A 85%
（江戸時代の終わりごろ）

（大阪市立中央図書館）

⑴　グラフは江戸時代の身分ごとの人口割合を示しています。グラフ中の**A**にあてはまる身分は何ですか。〔　　　　　〕

⑵　グラフ中の町人にあてはまる人たちを，次の**ア〜エ**から2つ選びましょう。〔　　　　　〕

　　ア 皇族　　**イ** 商人　　**ウ** 職人　　**エ** 百姓

⑶　写真は，江戸時代に「天下の台所」と呼ばれ，経済の中心地として栄えた都市の様子です。この都市はどこですか。〔　　　　　〕

😊 できなかった問題は，復習しよう。

25 江戸幕府はどうして鎖国をしたの？

★幕府はキリスト教の広まりをおそれた！

江戸時代の初め，外国との貿易がさかんに行われていました。それとともにキリスト教徒が増えたため，反抗をおそれた幕府は**キリスト教を禁止**しました。

幕府は大名や商人に許可状をあたえて，貿易をすすめた。

幕府があたえた許可状（朱印状）

東南アジア各地に日本人が住む**日本町**が生まれた。

商人　大名

しかし，ヨーロッパ人の来航もさかんになり…

貿易をしましょう。

私はキリスト教を広めに来ました。

商人

宣教師　キリスト教の信者が増えた。

キリスト教徒は団結して幕府に反抗するかもしれん。

キリスト教禁止！
宣教師や貿易船の出入りも制限する！

日本人の海外渡航・帰国も禁止された。

★幕府，鎖国にふみ切る！

1637年，九州で，キリスト教徒を中心とする人々が**島原・天草一揆**を起こしました。幕府はキリスト教の取りしまりをいっそう強め，まもなく鎖国にふみ切りました。

島原（長崎県）・天草（熊本県）で…

年貢が重すぎる！

みんなで戦いましょう！

天草四郎（益田時貞）

キリスト教徒の農民らが大きぼな一揆を起こした。

幕府はキリスト教の取りしまりを強化。

それを踏んでみよ。踏めなければ信者とみなす！

キリストの像（踏み絵）

絵踏みなどを行い，信者を厳しく取りしまった。

長崎で**中国**と**オランダ**に限って貿易を許した。

オランダはキリスト教を広めないから貿易を許す。

中国　オランダ

ポルトガル船は来航禁止

のちに**鎖国**と呼ばれた。

基本練習

1 にあてはまる語句を書きましょう。

(1) 江戸時代の初めは，外国との貿易がさかんに行われ，東南アジア各地に

日本人が住む 　　　　　　　 町がつくられました。

(2) 1637年，九州で，キリスト教徒を中心とする人々が，重い年貢の取り

立てなどに反対して 　　　　　　　　 一揆を起こしました。

(3) 幕府はキリスト教徒の取りしまりを厳しく行い，キリストの像などをふ

ませる 　　　　　　　 を行いました。

2 次の年表と写真を見て，あとの問いに答えましょう。

1612年	**A** 教を禁止
1624年	スペイン船の来航を禁止
1639年	ポルトガル船の来航を禁止
1641年	**B** 商館を c 出島に移す

（長崎歴史文化博物館）

(1) 年表中の **A** にあてはまる語句を答えましょう。

〔　　　　　　〕

(2) 年表にあるように，外国との貿易や交渉を行う場所を厳しく制限した江

戸幕府の政策を何といいますか。 〔　　　　〕

(3) (2)の間も貿易を許された，年表中の **B** にあてはまるヨーロッパの

国はどこですか。 〔　　　　　　〕

(4) 写真は年表中の下線部 **c** の出島の様子です。出島がつくられた都市を，

次の**ア〜エ**から1つ選びましょう。 〔　　　　〕

ア 神戸　　**イ** 大阪　　**ウ** 江戸　　**エ** 長崎

😊 できなかった問題は，復習しよう。

26 江戸時代の文化ってどんな文化?

★歌舞伎や人形浄瑠璃が大流行!

江戸時代には，都市の町人たちが中心となった新しい文化が生まれました。近松門左衛門は，歌舞伎や人形浄瑠璃（人形芝居）の脚本を数多く書きました。

江戸時代には商業が発達し，町人が力をつけてきた。

楽しいことをしたいな。

私はお芝居が好き。

とくに人気があったのが歌舞伎や人形浄瑠璃。

近松門左衛門の芝居はおもしろいよね。

近松門左衛門は約150作の脚本を書いた。

近松の作品は町人の姿をいきいきとえがいているな。

★浮世絵も人々の楽しみの一つ

江戸時代，世の中や人々の様子を多色刷りでえがいた浮世絵が流行し，歌川広重はすぐれた風景画の浮世絵（「東海道五十三次」など）をかきました。

浮世絵は版画として大量に印刷された。

この風景画いいね!

葛飾北斎の風景画

きれいな人ね。

喜多川歌麿の美人画

歌川広重は「東海道五十三次」をかいた。

絵を見ると旅に行った気分になれるね。

浮世絵はヨーロッパの画家にも影響をあたえた。

文芸も発達した。

松尾芭蕉の俳句

古池や　蛙飛びこむ　水の音

ちょっとくわしく!
19世紀のオランダの画家ゴッホは，浮世絵の表現法を作品に取り入れた。

基本練習

→ 答えは別冊8ページ 😊

1 ____ にあてはまる語句を書きましょう。また，（　　）の中で正しいほうを選びましょう。

(1) 江戸時代には，（　武士・町人　）を中心とする人々が文化のにない手になりました。

(2) 江戸時代，芝居小屋で行われる _____ や人形浄瑠璃は，人々の楽しみとして広まりました。

(3) _____ は，芝居の脚本で町人の姿をいきいきとえがき，人気を集めました。

2 次の写真と史料を見て，あとの問いに答えましょう。

古池や
蛙飛びこむ
水の音

(個人蔵)

(1) 写真のような，多色刷りで世の中や人々の様子などをえがいた絵を何といいますか。　〔　　　　　〕

(2) 写真の絵をかいたのはだれですか。　〔　　　　　〕

(3) 史料の俳句をよんだ人物を，次のア〜エから１人選びましょう。
〔　　　　　〕

ア　喜多川歌麿　　イ　葛飾北斎　　ウ　松尾芭蕉　　エ　雪舟（せっしゅう）

😊 できなかった問題は，復習しよう。

27 江戸時代はどんな学問が広まったの?

★杉田玄白らが蘭学を広める!

医者の**杉田玄白**らは, オランダ語の人体解剖書をほん訳して『**解体新書**』を出版し, 蘭学を発展させました。**伊能忠敬**は正確な日本地図をつくりました。

ある日, 人体の解剖を見学した**杉田玄白**は…

人体って, このオランダ語の本のとおりだ!

杉田玄白　友人の前野良沢

西洋の学問って進んでいるなあ。

この本を日本語にほん訳しないか?

苦労の末, ほん訳が完成!

この本の出版によって西洋の学問(蘭学)に関心をもつ人が増えた。

解体新書

西洋の天文学や測量術を学んだ**伊能忠敬**は…

全国を歩いて測量したよ。

正確な日本地図をつくった。

★本居宣長が国学を発展させる!

日本の古典を学んだ**本居宣長**は, 古くからの日本人の考え方を知ろうとする国学を発展させました。国学は, 武士のほか, 有力な町人や百姓の間にも広まりました。

『源氏物語』などの古典を研究していた**本居宣長**は…

源氏物語　万葉集

本居宣長

仏教や儒教が伝わる以前の日本人の考え方を明らかにしたいものだ。

『古事記』の研究を進めた。

35年かかって『**古事記伝**』完成!

国学は政治に対する考え方にも影響をあたえた。

このころ, 百姓や町人の子どもは**寺子屋**で学んだ。

読み書きは身につけなきゃ!

生活に必要な読み書き, そろばんの勉強が中心だった。

1 ☐ にあてはまる語句を書きましょう。

(1) 江戸時代に広まった ☐ 学は, オランダ語の書物を通して
ヨーロッパの学問を研究する学問です。

(2) (1)に対して, ☐ 学は, 仏教や儒教が伝わる以前の日本人
の考え方を知ろうとする学問です。

(3) 江戸時代, 百姓や町人の子どもたちは, ☐ で読み書き
やそろばんなどを学びました。

2 次の写真を見て, あとの問いに答えましょう。

Ⓐ
(本居宣長記念館)

Ⓑ
(千葉県香取市 伊能忠敬記念館所蔵)

Ⓒ
(早稲田大学図書館)

(1) Ⓐ〜Ⓒの写真の人物名を, 次のア〜ウからそれぞれ選びましょう。

Ⓐ [   ] Ⓑ [   ] Ⓒ [   ]

ア 伊能忠敬　　イ 杉田玄白　　ウ 本居宣長

(2) Ⓐ〜Ⓒの写真の人物が書いた, あるいはつくったものを, 次のア〜ウか
らそれぞれ選びましょう。

Ⓐ [   ] Ⓑ [   ] Ⓒ [   ]

ア 『古事記伝』　　イ 『解体新書』　　ウ 正確な日本地図

☺ できなかった問題は, 復習しよう。

1章
2章
3章
4章
5章
6章 移り変わる武士の世
7章
8章
9章

復習テスト❻

6章 移り変わる武士の世

1 次の文を読んで，あとの問いに答えましょう。 【各7点 計28点】

> 江戸時代には各地に都市が発達した。都市に住む　A　の中には，商業の発達とともに富をたくわえて武士にお金を貸す者も現れた。都市の中でも，大阪は　B　の中心地として栄え，「天下の台所」と呼ばれた。

(1) 下線部について，寺社を中心に発達した都市（Ⅰ），城を中心に発達した都市（Ⅱ）をそれぞれ何といいますか。

Ⅰ〔　　　　　　〕　Ⅱ〔　　　　　　〕

(2) 文中の　A　，　B　にあてはまる語句を，次から1つずつ選び，記号で答えましょう。

ア 職人　**イ** 経済　**ウ** 政治　**エ** 商人　**オ** 百姓

A〔　　　　〕　B〔　　　　〕

2 次の問いに答えましょう。 【各8点 計24点】

(1) 右の絵は，江戸時代に，ある宗教の信者かどうかを調べるために行われた絵踏みの様子です。ある宗教とは何ですか。

〔　　　　　　〕

(公益財団法人東洋文庫所蔵)

(2) (1)の宗教を広めるおそれがなかったため，鎖国中に江戸幕府から貿易を許された国を，次から2つ選び，記号で答えましょう。

ア スペイン　　**イ** 中国

ウ ポルトガル　**エ** オランダ

〔　　　〕〔　　　〕

答えは別冊15ページ

学習日	得点
月　日	／100点

3 次の問いに答えましょう。　　　　　　【各6点　計12点】

(1)　右の写真の演劇は，江戸時代に人気を集め，現在に受けつがれています。何といいますか。

〔　　　　　　　　〕

(© 松竹株式会社)

(2)　(1)の演劇や人形浄瑠璃の脚本を書いた人物を次から選び，記号で答えましょう。

ア　松尾芭蕉　　　イ　歌川広重
ウ　雪舟　　　　　エ　近松門左衛門

〔　　　　　〕

4 次のA〜Cは，それぞれ，江戸時代に活やくしたある人物について説明しています。これを読んで，あとの問いに答えましょう。　　【各6点　計36点】

A　医者で，□□□□語の医学書を日本語にほん訳し，『解体新書』として出版した。
B　仏教や儒教が伝わる以前の日本人の考え方を明らかにしようとして，『古事記』を研究し，『古事記伝』を完成させた。
C　天文学や測量術を学び，日本全国を測量して正確な日本地図をつくった。

(1)　A〜Cはだれですか。次からそれぞれ選び，記号で答えましょう。

ア　本居宣長　　イ　杉田玄白　　ウ　葛飾北斎　　エ　伊能忠敬

A〔　　　　〕　B〔　　　　〕　C〔　　　　〕

(2)　Aの□□□にあてはまる国名を答えましょう。

〔　　　　　　　　〕

(3)　AとBの人物が発展させた学問をそれぞれ何といいますか。

A〔　　　　　　　　〕　B〔　　　　　　　　〕

28 どうして鎖国は終わったの？

★ペリーの要求を受け入れて開国

　1853年，アメリカの使節**ペリー**が来航して**開国**を求めました。ペリーの強い態度と軍艦や大砲におどろいた江戸幕府は要求を受け入れ，鎖国の状態が終わりました。

★外国との貿易が始まる！

　1858年，幕府は**日米修好通商条約**を結び，横浜などでの貿易を認めました。しかし，貿易が始まると，物価が上がって人々の生活が苦しくなり，社会は混乱しました。

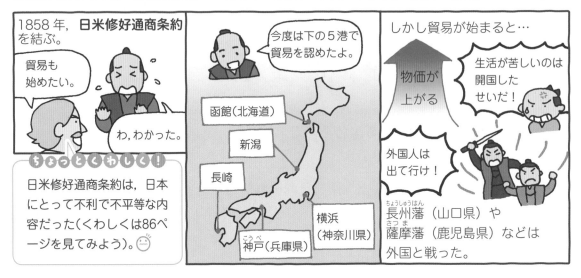

基本練習

→ 答えは別冊8ページ

1 ☐ にあてはまる語句を書きましょう。また，（　　）の中で正しいほうを選びましょう。

(1) 1853年，アメリカの使節 ☐ が来航して，江戸幕府に開国を求めました。

(2) 1854年，日米 ☐ 条約が結ばれ，アメリカ船に水や食料，燃料の補給を認めました。

(3) 1858年，日米 ☐ 条約が結ばれ，日本は貿易を始めることを認めました。

(4) 開国後，現在の山口県にあった（　紀伊藩・長州藩　）や，鹿児島県にあった薩摩藩などは外国と戦いました。

2 次の地図を見て，あとの問いに答えましょう。

(1) 日米和親条約で開かれた港を示しているものを，Ⓐ〜Ⓒから1つ選びましょう。〔　　　〕

(2) 日米修好通商条約で開かれた港を示しているものを，Ⓐ〜Ⓒから1つ選びましょう。〔　　　〕

😊 できなかった問題は，復習しよう。

29 江戸幕府はどうしてたおれたの？

★江戸幕府の力がおとろえる！

　江戸時代の後半には，**百姓一揆（ひゃくしょういっき）**や**打ちこわし**が全国各地で起こるようになりました。幕府や藩（はん）の力はおとろえ，百姓一揆や打ちこわしの件数はさらに増えました。

大きなききんが何度か起こり，物価も上がる。

このままでは
うえ死にして
しまう…。

農村で**百姓一揆**，
都市で**打ちこわし**が発生。

米を買いしめ
やがって!!

大阪では，幕府のもと役人だった
大塩平八郎（おおしおへいはちろう）が反乱（はんらん）を起こした。

生活に苦しむ人たちを
救うんだ!!

★ついに江戸幕府がたおれる！

　開国後，外国の艦隊（かんたい）や軍隊と戦い，大きな力の差に気づいた**長州藩（ちょうしゅうはん）**や**薩摩藩（さつまはん）**などは，力のおとろえた幕府をたおして，新しい政治のしくみをつくろうとしました。そして1867年，15代将軍の**徳川慶喜（とくがわよしのぶ）**が政権（せいけん）を朝廷（ちょうてい）（天皇（てんのう））に返し，江戸幕府はたおれました。

外国との戦いに敗れた
武士たちは…

ドーン

外国は強い！
今の日本では
勝てない！

幕府をたおして
強い国をつくろう！

倒幕（とうばく）運動が
広がった。

倒幕を目指して薩摩藩と
長州藩が同盟（どうめい）を結んだ。

薩摩藩
西郷隆盛（さいごうたかもり）

長州藩
木戸孝允（きどたかよし）

やりましょう！

これを見た
将軍徳川慶喜は…

もう幕府は
終わりだ…。

政権を
朝廷に返す
ことにする。

1867年，
**江戸幕府
たおれる。**

よし，
天皇中心の
新しい政府を
つくるぞ！

約260年続いた
江戸幕府の政治が終わった。

基本練習

→ 答えは別冊9ページ

1 [ ] にあてはまる語句を書きましょう。また，（　　）の中で正しいほうを選びましょう。

(1) 倒幕を目指して，西郷隆盛らの（　薩摩藩・土佐藩　）と，木戸孝允らの長州藩は同盟を結びました。

(2) 1867年，江戸幕府の15代将軍の [　　　　　　　] が政権を朝廷に返し，江戸幕府はたおれました。

(3) 江戸幕府がたおれたのち，西郷隆盛らは，[　　　　　　　] を中心とする新しい政府を成立させました。

2 次のグラフと写真を見て，あとの問いに答えましょう。

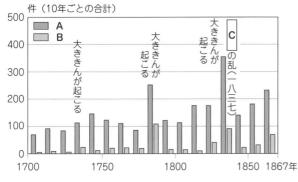

(大阪城天守閣)

(1) グラフ中のAは，百姓が領主に対して起こした集団的な抗議行動の件数を示しています。この行動を何といいますか。〔　　　　　　〕

(2) グラフ中のBは，都市の貧しい人たちが集団で米屋などをおそった暴動の件数を示しています。この暴動を何といいますか。

〔　　　　　　〕

(3) グラフ中の [C] には，幕府のもと役人だった写真の人物があてはまります。この人物はだれですか。〔　　　　　　〕

😊 できなかった問題は，復習しよう。

30 明治維新で日本はどう変わった？

★ 新政府が政治方針を示す！

明治新政府は，**五箇条の御誓文**で新しい政治の方針を示しました。また，年号を明治に変えて，江戸を東京に改め，政治や社会の改革を次々と進めていきました。

1868年，**五箇条の御誓文**を発表。

一、政治は，会議を開き，みんなの意見を聞いて決めよう。

一、みんなが心を合わせ，国の政策を行おう。

（一部）

新しい政治の基本方針を示している。

廃藩置県を行う。

これからは○○県とし，私が治める！

政府が任命した役人　　元の大名

藩を廃止して府・県を置き，政府が任命した役人に治めさせた。

富国強兵を目指す。

欧米に負けない国をつくろう！

そのためには，経済力をつけ，強い軍隊をつくりましょう！

★ 殖産興業や徴兵令で富国強兵を目指す！

富国強兵を目指した新政府の**大久保利通**らは，欧米の国々を視察し，近代的な政治制度や工業を学びました。帰国後，それらを取り入れて，日本の近代化を進めました。

近代的な工業を始める。

殖産興業

官営富岡製糸場（群馬県）

生糸をたくさん生産して輸出を増やそう！

国が運営する官営工場が各地につくられた。

強い軍隊をつくる。

徴兵令

20才になったら軍隊に入るように！

武士の軍隊に代えて，国民中心の訓練された近代的な軍隊をつくった。

税のしくみを改める。

地租改正

江戸時代……収かく高に応じて**米**を年貢として納めた。

地租改正後…土地の価格に応じた地租を**現金**で納めた。

これで，不作や豊作に関係なく，国の収入は安定するな。

基本練習

→ 答えは別冊9ページ

1 　□□にあてはまる語句を書きましょう。

(1) 明治新政府は，藩を廃止して府・県を置く［　　　　　　　　　　］を行いました。

(2) 新政府は，経済力をつけ，強い軍隊をつくる［　　　　　　　　　　］を目指し，さまざまな改革を進めました。

(3) 新政府は，近代的な軍隊をつくるために［　　　　　　　］令を出し，成年男子に兵役（へいえき）の義務を課しました。

(4) 新政府は，国の収入を安定させるために［　　　　　　　　　　］を行い，農民に土地の価格に応じた地租を現金で納めさせるようにしました。

2 　次の史料と写真を見て，あとの問いに答えましょう。

> 一，政治は，会議を開き，みんな
> 　　の意見を聞いて決めよう。
> 一，みんなが心を合わせ，
> 　　国の政策を行おう。　（一部）

(個人蔵)

(1) 史料は，1868年に発表された新しい政治の方針です。これを何といいますか。〔　　　　　　　〕

(2) 写真は，1872年に群馬県に完成した官営の製糸場です。この製糸場を何といいますか。〔　　　　　　　〕

(3) 新政府は，写真のような官営工場を各地につくり，近代的な工業を始めました。この政策を何といいますか。〔　　　　　　　〕

😊 できなかった問題は，復習しよう。

7章　近代日本の歩み

31 文明開化ってどういうこと？

★人々のくらしが大きく変わる！

明治時代になると，東京・横浜・大阪などの都市を中心に，西洋風のくらしや文化がさかんに取り入れられました。このような動きのことを**文明開化**といいます。

1871（明治4）年，**郵便**制度が始まった。

ほんとうに届くのか？

1872年，**鉄道が開通**した。

新橋
横浜
速い！

都会の様子はこう変わった！

れんがづくりの建物

馬車　洋服　人力車　ガス灯

西洋風の髪型にする人が増え，牛肉やパンが食べられるようになった。

★新しい学問が広がる！

福沢諭吉は『**学問のすゝめ**』を著し，西洋の考え方を日本に紹介しました。また，1872年には学制が公布され，6才以上の男女が小学校に通うことが定められました。

天は人の上に人を造らず人の下に人を造らずと言えり

福沢諭吉は学問の大切さを説いた。

↑『学問のすゝめ』

人は平等で，人は学問にはげむことで独立することができると主張している。

全国に小学校ができた。

アイウエオ
カキクケコ

大学や専門学校もできた。

大学

女子英学塾（現在の津田塾大学）をつくった津田梅子は，満6才のときにアメリカにわたって学んだんだって。すごいな〜

1 ＿＿＿＿にあてはまる語句を書きましょう。また，（　　　）の中で正しいほうを選びましょう。

(1) 1871（明治4）年，（　郵便制度・ラジオ放送　）が始まりました。

(2) 1872年，新橋（東京都）と＿＿＿＿＿＿＿（神奈川県）の間に日本で初めて鉄道が開通しました。

(3) 西洋の学問を学んだ＿＿＿＿＿＿＿は『学問のすゝめ』を著し，学問の大切さを説きました。

2 次の絵は，明治時代初めごろの東京（銀座）の様子です。これを見て，あとの問いに答えましょう。

（味燈書屋）

(1) 絵の中に確認できるものを，次の**ア～カ**からすべて選びなさい。

[　　　　　　　　　　]

ア 人力車　**イ** かごに乗った人　**ウ** 洋服を着た人

エ 馬車　**オ** 刀を持った武士　**カ** ガス灯

(2) 絵からわかるように，明治時代初めに，西洋風のくらしや文化がさかんに取り入れられた世の中の動きを何といいますか。[　　　　　　]

☺ できなかった問題は，復習しよう。

1章
2章
3章
4章
5章
6章
7章 近代日本の歩み
8章
9章

32 自由民権運動ってどういう運動?

★ 国会開設などを求める自由民権運動

1874（明治7）年，**板垣退助**たちは明治政府に対して，国会を開いて国民の意見を聞くよう要求しました。これをきっかけに**自由民権運動**が広がりました。

板垣退助らが政府を批判。

今，一部の者だけで政治が行われている。

国民の意見を政治に反映させるべきだ！

国会開設などを求める**自由民権運動**が広がった。

政府は自由民権運動を厳しく取りしまった。

演説を中止しろ！

このころ，**西南戦争**など士族の反乱も起こった。

西郷隆盛

運動の広がりに対して，ついに政府は…

わかった。1890年に国会を開く。

政党がつくられた。

自由党

立憲改進党

板垣退助

大隈重信

★ 政府は憲法を制定し，国会を開いた！

国会開設を約束した政府は，**伊藤博文**を中心に憲法制定の準備を進めました。そして1889（明治22）年，天皇が強い権限をもつ**大日本帝国憲法**が発布されました。

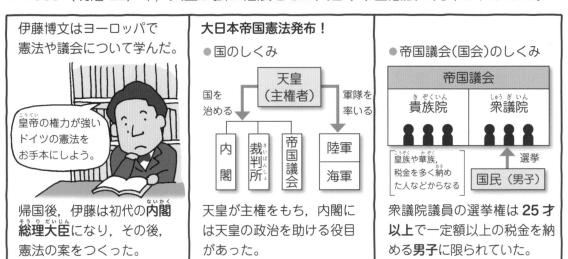

伊藤博文はヨーロッパで憲法や議会について学んだ。

皇帝の権力が強いドイツの憲法をお手本にしよう。

帰国後，伊藤は初代の**内閣総理大臣**になり，その後，憲法の案をつくった。

大日本帝国憲法発布！

●国のしくみ

天皇（主権者）

国を治める

軍隊を率いる

内閣

裁判所

帝国議会

陸軍

海軍

天皇が主権をもち，内閣には天皇の政治を助ける役目があった。

●帝国議会（国会）のしくみ

帝国議会

貴族院

衆議院

皇族や華族，税金を多く納めた人などからなる

国民（男子）

選挙

衆議院議員の選挙権は**25才以上**で一定額以上の税金を納める**男子**に限られていた。

基本練習

→ 答えは別冊9ページ

1 [   ] にあてはまる語句を書きましょう。また，（   ）の中で正しいほうを選びましょう。

(1) （ 大久保利通・板垣退助 ）は，国会開設などを求めて

[   ] 運動を進め，自由党をつくりました。

(2) 明治政府に不満をもつ士族らは，西郷隆盛が中心となった

[   ] 戦争などの反乱を起こしました。

(3) 帝国議会は，[   ] 院と衆議院からなり，衆議院議員の選挙権

は，（ 20・25 ）才以上で，一定額以上の税金を納める

（ 男子・女子 ）に限られていました。

2 次の史料と写真を見て，あとの問いに答えましょう。

> 第1条　日本は，永久に続く同じ家系の
>   [A] が治める。
> 第4条　[A] は，国の元首であり，
>   国や国民を治める権限をもつ。（一部）

（国立国会図書館）

(1) 史料は，1889年に発布された憲法です。この憲法を何といいますか。

[   ]

(2) 史料中の [A] にあてはまる語句を書きましょう。

[   ]

(3) 写真は初代の内閣総理大臣で，史料の憲法づくりでも中心となった人物

です。この人物はだれですか。　　　　[   ]

😊 できなかった問題は，復習しよう。

33 日清戦争はなぜ起こったの？

★朝鮮をめぐって日本と清が対立!

19世紀の終わりごろ，朝鮮に勢力を広げようとする日本と清（中国）が対立を深めました。そして，1894（明治27）年，**日清戦争**が始まり，日本は清に勝利しました。

日本と清の対立が起こる。

清

朝鮮

日本

清

朝鮮に勢力を広げよう。

ちょっと待て。朝鮮は前から清に従っているんだ。

朝鮮の内乱に日清両国が軍隊を送って対立。

清

日本

朝鮮から引き上げろ！

そっちこそ！

戦争が始まり，近代的な軍隊をもつ日本が清を破った。

講和条約で日本は…

賠償金をたくさんはらっていただきます！

清

台湾やリャオトン半島なども得た。

リャオトン半島

台湾

★リャオトン半島を清に返す

日清戦争の結果に警戒を強めた**ロシア**は，ドイツ・フランスとともに，リャオトン半島を清に返すように日本に強く要求しました。日本はこれを受け入れました。

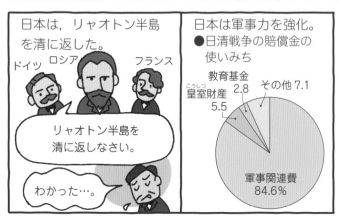

日本は，リャオトン半島を清に返した。

ドイツ　ロシア　フランス

リャオトン半島を清に返しなさい。

わかった…。

日本は軍事力を強化。
●日清戦争の賠償金の使いみち

教育基金 2.8
皇室財産 5.5
その他 7.1
軍事関連費 84.6%

日本がもらった賠償金は，当時の日本の収入（1年間）の約3倍もの金額だったんだって!!

基本練習

→ 答えは別冊10ページ

1 □□□ にあてはまる語句を書きましょう。

(1) 19世紀の終わりごろ，□□□ に勢力を広げようとする日本と中国が対立を深めました。

(2) 1894年，日本と中国との間で □□□ 戦争が起こり，日本が勝利しました。

(3) □□□ は，ドイツ・フランスとともに，日本が(2)の戦争で得た領土の一部を返すように日本に強く要求しました。

2 次の地図とグラフを見て，あとの問いに答えましょう。

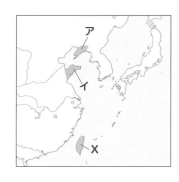
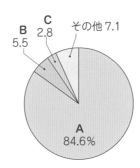

(1) 日本が日清戦争の講和条約で得た地図中の**X**の地域を何といいますか。次の**ア**〜**エ**から1つ選びましょう。　　　　〔　　　〕

　　ア 樺太　　**イ** 香港　　**ウ** 台湾　　**エ** 満州

(2) 日本が日清戦争の講和条約で得たものの，その後，清に返すことになったのは，地図中の**ア**，**イ**のどちらの半島ですか。　　〔　　　〕

(3) グラフは，日本が日清戦争で得た賠償金の使いみちです。**A**にあてはまるものを，次の**ア**〜**ウ**から1つ選びましょう。　　〔　　　〕

　　ア 教育基金　　**イ** 軍事関連費　　**ウ** 皇室財産

😊 できなかった問題は，復習しよう。

34 日露戦争はなぜ起こったの？

★中国・朝鮮をめぐって日本とロシアが対立!

日本では，満州（中国東北部）や朝鮮（韓国）に勢力をのばしてきたロシアと戦うべきだとする意見が強くなりました。1904年，**日露戦争**が起こり，日本が勝ちました。

日本とロシアの対立深まる。

ロシア　満州や朝鮮をねらう。

日本　日清戦争に勝った日本も満州・朝鮮へ勢力をのばそうとした。

日露戦争始まる！

両国とも多くのぎせい者。

日本海海戦では**東郷平八郎**の艦隊がロシアの艦隊を破る。

日本は苦戦しながら勝利。

賠償金は得られないが，朝鮮を日本の勢力下に置くことは認めさせた。

与謝野晶子は，詩を発表して戦争に反対した。

与謝野晶子

あゝをとうとよ，君を泣く，君死にたまふことなかれ。

※1897年，朝鮮は国号を大韓帝国（韓国）と改めた。

★朝鮮を併合し，植民地とする!

日本は，日露戦争の講和条約で，樺太（サハリン）の南部や南満州の鉄道の権利なども得ました。1910年には，朝鮮（韓国）を併合し，**植民地**にしました（**韓国併合**）。

日本は樺太の南部や南満州の鉄道の権利を獲得。

植民地とされた朝鮮の学校では，日本語や日本の歴史の授業が行われた。

タベテ　ヨンデ　イマス　イマス

朝鮮の学校では，日本語が国語として教えられ，朝鮮語の授業時間は少なくなっていったんだって。

基本練習

→ 答えは別冊10ページ

1 ＿＿＿＿＿ にあてはまる語句を書きましょう。また，（　　）の中で正しいほうを選びましょう。

(1)　日清戦争後，日本とロシアは，中国東北部の ＿＿＿＿＿ や朝鮮をめぐって対立し，1904年，戦争を始めました。

(2)　(1)の戦争では，日本海海戦で（　伊藤博文・東郷平八郎　）が率いる艦隊がロシアの艦隊を破りました。

(3)　(1)の戦争に勝った日本は，（　樺太（サハリン）・台湾　）の南部を得ました。

(4)　(1)の戦争後の1910年，日本は ＿＿＿＿＿ を併合して，日本の植民地にしました。

2 次の写真と，写真の人物が発表した詩を見て，あとの問いに答えましょう。

あゝをとうとよ，君を泣く，君死にたまふことなかれ，
末に生れし君なれば　親のなさけはまさりしも，
親は刃をにぎらせて　人を殺せとをしへしや，
人を殺して死ねよとて　二十四までをそだてしや。（一部）

（国立国会図書館）

(1)　写真の人物はだれですか。

〔　　　　　　　　　〕

(2)　写真の人物が，上の詩を発表して反対する気持ちを表した戦争を，次のア〜エから1つ選びましょう。

〔　　　　　　　　　〕

　ア　日中戦争　　イ　日清戦争　　ウ　日露戦争　　エ　太平洋戦争

☺ できなかった問題は，復習しよう。

学習日

月　　日

35 不平等条約はどのように改正されたの？

★不平等な内容の通商条約

江戸時代末に欧米諸国と結んだ通商条約は，外国の**領事裁判権（治外法権）**を認め，日本に**関税自主権**がない不平等な内容だったため，条約改正が必要でした。

日本が外国の**領事裁判権（治外法権）**を認めていると…

罪をおかした人を日本に引きわたせ！

いいや。私の国の法律で裁く！

罪が軽くなるかも。

外国人が日本で罪をおかしても日本の法律で裁けず，その国の裁判所（領事）が裁判した。

日本に**関税自主権**（輸入品にかける税金を自由に決める権利）がないと…

外国

安い綿織物

日本へ輸出

日本

安い！

外国が関税を自由に決めるので，日本で自国の製品を安く売れる。

安い外国製品のせいで，日本の製品が売れないよ。

日本の産業の発展がさまたげられる。

★陸奥宗光と小村寿太郎が条約改正に成功！

不平等な条約を改正するため明治政府は努力しましたが，なかなか成功しませんでした。外務大臣**陸奥宗光**と**小村寿太郎**の交渉で，条約改正が実現しました。

明治時代の初めに欧米に使節団を派遣したが失敗。

NO！

日本は近代化されていないから…。

近代化を外国にアピールしたが失敗。

西洋人みたいでしょ？

鹿鳴館

1886（明治19）年，イギリス船ノルマントン号が沈没し，日本人乗客は全員死亡したが，イギリス人船長は領事裁判で軽いばつを受けただけだった。

許せない！

すぐに条約を改正しろ！

領事裁判権の廃止を求める声が国民の間で高まった。

そして1894年，外務大臣**陸奥宗光**が領事裁判権をなくすことに成功。

イギリス

わかりました…。

1911年，**小村寿太郎**が関税自主権の回復に成功。

これで日本は欧米と対等の関係だ！

1 ［　　　　　　　］にあてはまる語句を書きましょう。また，（　　　）の中で正しいほうを選びましょう。

(1) 不平等条約の改正を目指した明治政府は，（　寺子屋・鹿鳴館　）で舞踏会を開いて，近代化を外国にアピールしましたが，失敗しました。

(2) 1894（明治27）年，外務大臣の［　　　　　　　　　　　］の交渉で，領事裁判権をなくすことに成功しました。

(3) 1911年，外務大臣の［　　　　　　　　　　　］の交渉で，関税自主権の回復に成功しました。

2 次の資料と写真を見て，あとの問いに答えましょう。

| A | 輸入品にかける税金を自由に決める権利。 |
| B | 罪をおかした外国人を，その国にいる領事が自国の法律で裁く権利。 |

（美術同人社）

(1) 資料中のAの権利を何といいますか。

〔　　　　　　　　　　　　　〕

(2) 資料中のBの権利を何といいますか。

〔　　　　　　　　　　　　　〕

(3) 写真は1886年に起きたノルマントン号事件を風刺したまんがです。この事件と関係が深いのは，資料中のA，Bのどちらですか。

〔　　　　　　〕

☺ できなかった問題は，復習しよう。

36 産業や社会はどう変わったの？

★近代工業や医学が発展!

明治時代には近代工業が発展し，**紡績業や製糸業**などのせんい工業がさかんになりました。また，北九州に官営の製鉄所が建設され，重工業も発展しはじめました。

官営の製鉄所で鉄鋼の生産が始まった。

この鉄で軍艦や大砲をつくるんだ。

1901（明治34）年，**官営八幡製鉄所**が生産を始めた。

いっぽうで公害も発生。

政府にうったえて被害農民を救わなければ

衆議院議員　田中正造

足尾銅山（栃木県）から出るけむりや廃水で渡良瀬川流域の農民に大きな被害が出た。

医学が発展し，世界で活やくする学者が現れた。

北里柴三郎
破傷風の治療法を発見。

野口英世
南アメリカやアフリカで黄熱病を研究。

★民衆運動が起こり，普通選挙が実現

大正時代には**民主主義**の考え方が広まり，1925（大正14）年には選挙権に納税額の制限を取り除いた**普通選挙**（25才以上のすべての男子に選挙権）が実現しました。

さまざまな民衆運動が起こった。

生活をよくしたい！

選挙権をもって政治に参加したい！

社会的な権利を主張する動きがさかんになった。

女性運動も起こった。

女性の地位の向上を目指すわ！

平塚らいてうらが運動を進めた。

働く女性が増えた。

バスの車掌

タイピスト

普通選挙が実現。

女性には認められなかったの。

全国水平社ができた。

差別を打ち破りましょう。

1章
2章
3章
4章
5章
6章
7章 近代日本の歩み
8章
9章

1 ◻◻◻◻◻ にあてはまる語句を書きましょう。また，（　　　）の中で正しいほうを選びましょう。

(1) 明治時代には近代工業が発展し，紡績業や製糸業などの

（　せんい・化学　）工業がさかんになりました。また，政府は重工業の発展にも力を入れ，官営の八幡製鉄所を（　大阪・北九州　）につくりました。

(2) 工業の発展とともに公害も発生し，足尾銅山鉱毒事件では，衆議院議員

だった ◻◻◻◻◻ が被害農民を救う運動を進めました。

(3) ◻◻◻◻◻ は黄熱病を研究しました。

2 次の文を読んで，あとの問いに答えましょう。

> 大正時代には ◻ A ◻ 主義の考え方が広まり，社会的な権利を主張する動きがさかんになった。1925年には普通選挙が実現し，◻ B ◻ 才以上のすべての男子に選挙権があたえられたが，女性の選挙権は認められなかった。

(1) ◻ A ◻，◻ B ◻ にあてはまる語句や数字を書きましょう。

A〔　　　　　　　〕　B〔　　　　　　　〕

(2) 下線部について，女性の選挙権の獲得などをうったえた，下の写真の人物はだれですか。次の**ア～エ**から1人選びましょう。

〔　　　　　　　〕

ア　与謝野晶子　　イ　平塚らいてう
ウ　北条政子　　エ　津田梅子

(国立国会図書館)

😊 できなかった問題は，復習しよう。

復習テスト❼

1

次の問いに答えましょう。　　　　　　　　　　　　　【各10点　計20点】

(1) 右の書き出しで始まる本を書き，学問の
大切さを説いたのはだれですか。

> 天は人の上に人を造らず　人の
> 下に人を造らずと言えり

〔　　　　　　　　　　　　　〕

(2) 明治維新で行われたことについての説明として<u>あてはまらないもの</u>を次から
1つ選び，記号で答えましょう。

ア　富国強兵のために徴兵令を出した。

イ　国の収入を安定させるために地租改正を行った。

ウ　殖産興業を進めるために全国に小学校をつくった。

エ　中央政府の権力を強めるために廃藩置県を行った。　　〔　　　　〕

2

次のA～Cの文を読んで，あとの問いに答えましょう。　【各8点　計24点】

> A　1874（明治7）年，□□□□は国会を開くよう要求し，自由民権運動の中心となって活動を始めた。
>
> B　1889年，大日本帝国憲法が発布され，憲法にもとづく政治が始まった。
>
> C　1890年，最初の選挙が行われ，第1回の国会が開かれた。

(1) Aの□□□□にあてはまる人名を答えましょう。　〔　　　　　　　　　〕

(2) Bの大日本帝国憲法で主権をもったのはだれですか。　〔　　　　　　〕

(3) Cの最初の選挙のときに選挙権をもっていたのはどのような人々ですか。次
から1つ選び，記号で答えましょう。

ア　25才以上の男女　　イ　一定額以上の税金を納める25才以上の男子

ウ　20才以上の男子　　エ　20才以上の男女　　　　　〔　　　　〕

→ 答えは別冊16ページ

学習日		得点
	月　日	／100点

3　右の年表を見て，次の問いに答えましょう。

【各8点　計40点】

(1)　年表中の　□　にあてはまる人名を答えましょう。

〔　　　　　　　　　　　〕

年代	できごと
1853	□ が来航して開国を求める
1858	①日米修好通商条約が結ばれる
1894	②日清戦争が起こる
1904	日露戦争が起こる
1911	条約改正が達成される

(2)　①の条約は日本にとって不利な内容で，日本は外国の　A　権を認め，輸入品に自由に　B　をかける権利がありませんでした。　A　，　B　にあてはまる語句を答えましょう。

A〔　　　　　　　　　〕　B〔　　　　　　　　　〕

(3)　②の戦争の説明として正しいものを次から2つ選び，記号で答えましょう。

ア　日本は多額の賠償金や台湾などの領土を得た。

イ　日本は苦戦しながら勝利したが，賠償金は得られなかった。

ウ　朝鮮をめぐって日本と清が対立して起こった。

〔　　　〕〔　　　〕

4　次の文を読んで，あとの問いに答えましょう。

【各8点　計16点】

　明治時代には産業の発展につれて公害も発生し，足尾銅山鉱毒事件が起こった。いっぽう，医学が発展し，□は破傷風の治療のしかたを発見した。

(1)　下線部の公害問題で，被害にあった人々の救済のために活動した人物を，次から選び，記号で答えましょう。

ア　平塚らいてう　　イ　田中正造　　ウ　小村寿太郎

〔　　　　〕

(2)　□にあてはまる人名を答えましょう。

〔　　　　〕

37 どうして日中戦争が起こったの？

★満州を日本のものにしようと考えた!

昭和時代の初め，日本が不景気になると，一部の政治家や軍人は満州（中国東北部）を日本のものにしようと考えました。1931（昭和6）年，日本軍が中国軍を攻撃して，**満州事変**が起こりました。

昭和の初め，日本は不景気に苦しんでいた。

失業だ。

食べ物もないわ。

満州の土地と資源が手に入れば，生活はよくなる！

政治家

軍人

満州に勢力を広げようとする考えが高まった。

満州事変が起こる!
日本軍が満州を占領し，満州国を建てた。

満州国

中国

朝鮮

満州国

日本が政治の実権をにぎっているぞ。

国際連盟は満州国の取り消しと，占領地からの引き上げを求めたが，日本は拒否した。

日本は国際連盟を脱退する！

★日本と中国の戦争が始まる!

1937年，ペキン（北京）郊外での戦いをきっかけに**日中戦争**が始まりました。

日中戦争始まる!
ペキン近くでの日本軍と中国軍の衝突がきっかけ。

日本

中国

絶対に勝つぞ！

日本の侵略に負けないぞ！

戦いは中国各地に広がった。

満州国

ペキン

ナンキン

1941年12月までの戦場

日本は100万人もの兵力を送りこんだけど，中国は外国の援助を受け，戦いは長期化したんだって。

基本練習

➡ 答えは別冊11ページ

1 ⬜ にあてはまる語句を書きましょう。また，（　　）の中で正しいほうを選びましょう。

(1) 昭和時代の初め，日本は（　好景気・不景気　）になりました。

(2) 1931年，日本軍は中国東北部を占領し，翌年，⬜ 国として独立させ，政治の実権をにぎりました。

(3) 1937年，日本軍と中国軍の衝突をきっかけに ⬜ 戦争が始まりました。

2 次の年表と地図を見て，あとの問いに答えましょう。

1931年	**a**満州事変が起こる
1933年	日本が ⬜X⬜ を脱退する
1937年	**b**日本軍と中国軍の衝突をきっかけに戦争が始まる

(1) 下線部 **a** の満州の位置を，地図中の**ア〜ウ**から1つ選びましょう。　〔　　　　〕

(2) ⬜X⬜ にあてはまる国際組織を書きましょう。

〔　　　　　　　　〕

(3) 下線部 **b** が起こった場所を，次の**ア〜ウ**から1つ選びましょう。

〔　　　　　　〕

　　ア　シャンハイ郊外　　**イ**　ナンキン郊外　　**ウ**　ペキン郊外

😊 できなかった問題は，復習しよう。

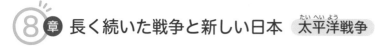
38 どうして太平洋戦争が起こったの？

★日本はアメリカなどと激しく対立!

1939（昭和14）年，**第二次世界大戦**が始まりました。日本は石油などの資源を求めて東南アジアへ軍隊を送り，アメリカやイギリスと対立を深めることになりました。

ヨーロッパでは，ドイツが周りの国々を侵略した。

領土を広げよ！

許せん！
ドイツに宣戦布告だ！

イギリス　フランス

第二次世界大戦が始まった。

日中戦争にゆきづまっていた日本は，東南アジアへ軍隊を進めた。

石油やゴムなどの資源を手に入れるんだ！

中国を援助していたアメリカは，警戒を強めた。

同じころ，ドイツ，イタリアと軍事同盟を結ぶ。

協力し合おう！

日本
イタリア
ドイツ

アメリカなどとの対立が深まる。

アメリカ

日本の動きをおさえこもう。

イギリス

オランダ

★太平洋戦争が始まる!

1941年，日本はハワイのアメリカの軍港やマレー半島のイギリス軍を攻撃し，東南アジアや太平洋を戦場とする戦争（**太平洋戦争**）を始めました。

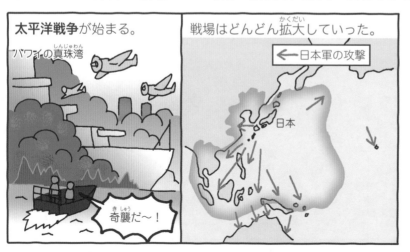

太平洋戦争が始まる。

ハワイの真珠湾

奇襲だ〜！

戦場はどんどん拡大していった。

←日本軍の攻撃

日本

多くの人が戦場へ送られたけど，見送る家族はどんなふうに思ったのかな。

基本練習

→ 答えは別冊11ページ

1 ▢ にあてはまる語句を書きましょう。また，（　　）の中で正しいほうを選びましょう。

(1) ヨーロッパでは，1939年に ▢ を中心とする国々と，イギリス・フランスなどの国々との間で，世界大戦が始まりました。

(2) 日本は資源を求めて，（　西・東南　）アジアに軍隊を送りました。

(3) 1941年，日本は(2)の地域や太平洋を戦場とする ▢ 戦争を始めました。

2 次の年表と写真を見て，あとの問いに答えましょう。

1939年	第 **X** 次世界大戦が始まる
1940年	**a** 日本が軍事同盟を結ぶ
1941年	日本がハワイにある写真の基地を攻撃し，戦争が始まる

（PPS通信社）

(1) **X** にあてはまる漢数字を書きましょう。

〔　　　　　〕

(2) 下線部 **a** について，日本が軍事同盟を結んだ国を，次の**ア〜エ**から2つ選びましょう。　〔　　　　　〕

ア イタリア　　**イ** イギリス　　**ウ** フランス　　**エ** ドイツ

(3) 写真はどこの国の基地ですか。次の**ア〜エ**から1つ選びましょう。

〔　　　　　〕

ア ロシア　　**イ** アメリカ　　**ウ** 中国　　**エ** イギリス

😊 できなかった問題は，復習しよう。

39 戦争はどのようにして終わったの？

★戦争中，人々は厳しい生活を強いられた！

　戦争が続く中で，日本では国民全体を戦争に協力させる**戦時体制**が固められました。やがて，日本の多くの都市がアメリカ軍の空襲を受けるようになりました。

★多くのぎせいを出して戦争が終わった！

　1945（昭和20）年4月，沖縄島にアメリカ軍が上陸しました。8月には広島・長崎に**原子爆弾**が投下され，日本は降伏し，第二次世界大戦が終わりました。

↑原子爆弾の被害を受けた広島。
（林　重男　撮影／広島平和記念資料館　提供）

1 ◯◯◯◯ にあてはまる語句を書きましょう。また，（　　）の中で正しいほうを選びましょう。

(1) 戦争が激しくなると日本では物資が不足し，米が ◯◯◯◯ 制になりました。

(2) 日本本土への空襲が始まると，都市部の小学生は親元をはなれ，地方に集団 ◯◯◯◯ しました。

(3) 1945 年 5 月，ヨーロッパでは，（　イギリス・ドイツ　）が連合国軍に降伏しました。

2 次の年表と地図を見て，あとの問いに答えましょう。

1945 年 4 月	アメリカ軍が ◯A◯ に上陸
1945 年 8 月 6 日	原子爆弾が投下される…①
1945 年 8 月 9 日	原子爆弾が投下される…②
1945 年 8 月 ◯B◯ 日	天皇がラジオで日本の降伏を伝える

(1) ◯A◯ にあてはまる島を，次のア〜エから 1 つ選びましょう。

〔　　　　　〕

ア 北海道　　イ 樺太　　ウ 四国　　エ 沖縄島

(2) 年表中の①，②について，原子爆弾が投下された都市を，地図中のア〜エからそれぞれ選びましょう。　①〔　　　　〕　②〔　　　　〕

(3) ◯B◯ にあてはまる数字を書きましょう。

〔　　　　　〕

☺ できなかった問題は，復習しよう。

8章 長く続いた戦争と新しい日本

40 戦後，日本はどう変わったの？

★民主化のための戦後改革（かいかく）が行われた！

戦争に敗れた日本は連合国軍（れんごうこくぐん）に占領（せんりょう）されました。連合国軍の指示のもとで民主化のためのさまざまな**戦後改革**が行われ，1946年には**日本国憲法**（けんぽう）が公布されました。

女性の参政権（さんせいけん）が認（みと）められた。

選挙権（せんきょけん）は今まで25才以上の男子だけだったの。

女性の国会議員も誕生（たんじょう）

20才以上のすべての男女が選挙権をもつことになった。

農地改革で農村が変わった。

小作農（こさくのう）：地主の農地を借りているんだ。

地主（じぬし）

自作農（じさくのう）：自分の農地になりました。

多くの農民が自分の農地をもてるようになった。

日本国憲法が制定された。
3つの原則からなっている。

国民主権（しゅけん）：政治の主人公は国民

基本的人権（じんけん）の尊重（そんちょう）：生まれながらの権利を保障（ほしょう）

平和主義：二度と戦争をしない

★日本が国際社会に復帰！

戦後，世界ではアメリカとソ連の対立が激（はげ）しくなりました。日本は，1951（昭和（しょうわ）26）年に48か国と平和条約を結び，1956年には**国際連合**（こくさいれんごう）に加盟（かめい）しました。

世界では2つのグループが対立した。

アメリカ　ソ連

西ヨーロッパ　東ヨーロッパ

対立を反映（はんえい）して**朝鮮戦争**（ちょうせんせんそう）が起こった（1950年）。

日本は1951年，**サンフランシスコ平和条約**を結び，翌年（よくねん）主権を回復した。

これで連合国軍の占領が終わったぞ。

同時に**日米安全保障条約**（にちべいあんぜんほしょう）も結んだ。

仲よくやろう！

アメリカ　日本

国際連合への加盟も実現。

日本の加盟を認める。

ソ連　国際社会にもどれるぞ！

基本練習

→ 答えは別冊11ページ

1 ▢ にあてはまる数字や語句を書きましょう。また，（　　）の中で正しいほうを選びましょう。

⑴ 戦後，選挙制度が改められ， ▢ 才以上の（　男子・男女　）が選挙権をもちました。

⑵ 1946（昭和21）年11月3日に ▢ 憲法が公布され，翌年5月3日に施行されました。

⑶ ⑵の憲法は，国民主権，基本的人権の尊重， ▢ 主義の3つの原則からなっています。

2 次の年表と写真を見て，あとの問いに答えましょう。

1950年	**a**朝鮮戦争が起こる
1951年	**b**日本が48か国と平和条約を結ぶ
	日米安全保障条約を結ぶ
1956年	日本が ▢X に加盟する

（時事通信フォト）

⑴ 下線部**a**の戦争は，アメリカを中心とする国々と，ある国を中心とする国々との対立が背景にありました。ある国とはどこですか。

〔　　　　　　　　　　　〕

⑵ 写真は，年表中の下線部**b**の条約に調印する様子です。この条約が結ばれたアメリカの都市を，次の**ア**〜**ウ**から1つ選びましょう。〔　　　　〕

　　ア　サンフランシスコ　　**イ**　ニューヨーク　　**ウ**　ロサンゼルス

⑶ ▢X にあてはまる国際機関を書きましょう。

〔　　　　　　　　　　　〕

☺ できなかった問題は，復習しよう。

41 日本はどのように発展したの？

★高度経済成長で社会が大きく変化!

　日本は1950年代中ごろから**高度経済成長**が続き，社会は大きく変わりました。1964(昭和39)年には，アジア初の**東京オリンピック・パラリンピック**が開かれました。

東京オリンピックの開催。
開会式
祝 開通
東海道新幹線(東京－大阪間)や高速道路を整備。

重化学工業が発達した。
1968年には国民総生産額がアメリカについで世界第2位となった。
しかし，いっぽうで**公害**が深刻に。

くらしが豊かになった。
1960年代，いろいろな家庭電化製品が広まった。
電気洗濯機
テレビ
電気冷蔵庫
この3つは「三種の神器」と呼ばれたのよ。

★外国との関係が変化!

　日本は戦後，周りの国々と関係を深めてきましたが，さまざまな課題もあります。アメリカに統治されていた沖縄では，返還後も基地の問題をかかえています。

日本と周りの国々との関係

| 韓国 (大韓民国) |
1965年に国交を開く。日本の領土である竹島を不法に占領。

| 中国 (中華人民共和国) |
1972年に国交正常化。1978年日中平和友好条約。

| 北朝鮮 (朝鮮民主主義人民共和国) |
正式な国交はない。拉致問題。

ロシア連邦
1956年に国交を回復したが，**北方領土**が未返還。

北方領土
国後島
択捉島
色丹島
歯舞群島
北海道

北方領土は日本固有の領土だけど，ロシアが占領しているんだ。

沖縄のアメリカ軍基地
沖縄は1972年に日本に返還されたが，多くの基地が残り，移転問題などが課題。

ゴォ

基地の飛行機の音がうるさい！
事故も問題ね。

基本練習

→ 答えは別冊12ページ

1 ▢ にあてはまる語句を書きましょう。また，（ ）の中で正しいほうを選びましょう。

(1) 日本は，1950年代中ごろから ▢ 経済成長が続き，人々の生活が豊かになりました。

(2) 経済が成長していた1964（昭和39）年，アジアで最初のオリンピック・パラリンピックが（ 大阪・東京 ）で開かれました。

(3) 沖縄は1972年に日本に返還されましたが，現在も

▢ 軍の基地が多く残っています。

2 日本の戦後の年表と写真を見て，あとの問いに答えましょう。

1964年	**a** オリンピック・パラリンピック開催
1968年	国民総生産額が **b** 世界第2位となる
1972年	▢ と国交を正常化する
1978年	▢ と平和友好条約を結ぶ

(1) 下線部 **a** に合わせて開通した，写真の交通機関を何といいますか。

〔 　　　　　　　　　　 〕

(2) 下線部 **b** について，1968年の国民総生産額が世界一の国を，次の**ア**～**エ**から1つ選びましょう。 〔 　　 〕

　　ア ドイツ　**イ** ロシア　**ウ** アメリカ　**エ** カナダ

(3) ▢ に共通してあてはまる国名を書きましょう。

〔 　　　　　　　　　　 〕

😊 できなかった問題は，復習しよう。

⑧章 長く続いた戦争と新しい日本

1

次の文を読んで，あとの問いに答えましょう。　【各7点　計28点】

・昭和時代のはじめ，一部の軍人や政治家の間に，大陸に勢力をのばして不景気からぬけ出そうという声が高まり，1931（昭和6）年，　①　事変が起こった。

・1937年のペキン郊外での戦いから始まった　②　戦争が長期化すると，日本は，石油などを求めて，東南アジアに軍隊を進めた。そして1941年，アメリカや（　A　）との　③　戦争が始まった。

(1)　文中の　①　～　③　にあてはまる語句を答えましょう。

①〔　　　　　　　　〕②〔　　　　　　　　〕③〔　　　　　　　　〕

(2)　文中の（　A　）にあてはまる国を次から1つ選び，記号で答えましょう。

ア　イタリア　　イ　イギリス　　ウ　ドイツ　　　　　〔　　　　　〕

2

戦争が激しくなったころの日本の様子について，次の①～③の文を読んで，あとの問いに答えましょう。　【各8点　計24点】

①　1944年，都市ではアメリカ軍による空襲が始まった。

②　1945年4月，　　　　　では，アメリカ軍が上陸し，激しい地上戦が続いた。

③　1945年8月，広島と長崎では，アメリカ軍の攻撃で多くの人々がぎせいになった。

(1)　①の空襲をさけるために都市部の小学生はどうしましたか。解答らんの言葉に続けて書きましょう。

〔　地方へ　　　　　　　　　　　　　　　　　　　　　　　〕

(2)　②の　　　　　にあてはまる県名を書きましょう。　〔　　　　　　県〕

(3)　③のときに広島・長崎ではどのような攻撃を受けましたか。

〔　　　　　　　　　　　　　　　　　　　　　　　　　　　　〕

答えは別冊16ページ

学習日	得点
月　　日	／100点

3

戦後まもなくの日本の様子について，次の文を読んで，あとの問いに答えましょう。

【各8点　計24点】

> ①　1945年，選挙法が改正され，選挙権をもつ人が大きく増えた。
> ②　1945年に始まった改革により，多くの農民が自分の農地をもてるようになった。
> ③　1951年，日本はサンフランシスコ平和条約を結び，翌年に独立を回復した。また，この条約と同時に，アメリカと　　　　　条約を結んだ。

(1)　①のときに選挙権をもつ人が大きく増えた理由は，権利をもつ人の年齢が引き下げられたことと，もう1つは何があげられますか。

〔　　　　　　　　　　　　　　　　　　　　〕

(2)　②の改革を何といいますか。　　　　　　〔　　　　　　　　　〕

(3)　③の　　　　　にあてはまる語句を答えましょう。　〔　　　　　　　　　〕

4

右のグラフは，家庭電化製品のふきゅうの様子を示しています。これを見て，次の問いに答えましょう。

【各6点　計24点】

(1)　1960年代に大部分の家庭にふきゅうした製品を3つ答えましょう。

〔　　　　　　　〕〔　　　　　　　〕
〔　　　　　　　〕

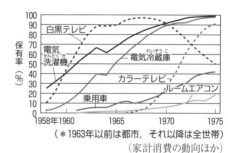

（＊1963年以前は都市，それ以降は全世帯）
（家計消費の動向ほか）

(2)　1950年代中ごろからグラフに示されている1970年代にかけて，日本の経済は急速に発展しました。このことを何といいますか。漢字6字の言葉で答えましょう。

〔　　　　　　　　　　　　　〕

42 日本とつながりの深い国は？①

★日本の最大の貿易相手国，中国

中国は，古くから日本と深いつながりのある国です。日本の**最大の貿易相手国**で，日本に電化製品や衣類，食料品などを輸出しています。

42・43で学習する5か国

中華人民共和国（中国）
ペキン（首都）

国土の面積は日本の約25倍。

人口は約14億人！

1位 中国 14.3億
2位 インド 13.7億
3位 アメリカ 3.3億
（2019年）

人口増加をおさえようと，かつて**一人っ子政策**をとっていた。主な民族は**漢族**。

文化のつながりも深い！

こういうものが中国から日本に伝わったよ。

米づくり　漢字 **安**

仏教　お茶

近年，経済が急成長！
税金などで優遇される**経済特区**に外国企業が進出。

■経済特区

シャンハイ

シャンハイは，金融業や商業がさかんだよ。

★隣国韓国と，石油の国サウジアラビア

韓国は昔から日本と結びつきが強く，近年は音楽やアニメなど文化的な交流がさかんです。西アジアの**サウジアラビア**は，日本にとって**石油**の最大の輸入相手国です。

日本のおとなりの国，韓国

大韓民国（韓国）
ソウル（首都）
日本　福岡

親や年上の人を敬う儒教の教えを大切にするよ。

砂漠と石油の国，サウジアラビア

リヤド（首都）
サウジアラビア

国土の大部分が砂漠なんだ。

文字は**ハングル**。

안녕하세요

こんにちは
と書いてあるよ。

新年を祝うソルラル。

石油が豊富。

輸出の大部分は石油です。

大部分の人が**イスラム教**を信仰。

基本練習

→ 答えは別冊12ページ

1 ▢ にあてはまる語句を書きましょう。また，（　）の中で正しいほうを選びましょう。

(1) 中国は人口が約（ 10・14 ）億人で世界一です。かつて ▢ 政策で人口の増加をおさえていました。

(2) 韓国では，（ 儒教・神道 ）の教えが大切にされ，▢ という独自の文字が使われています。

(3) サウジアラビアは，国土の大部分が ▢ におおわれ，日本にとって最大の（ 石炭・石油 ）の輸入相手国です。

2 次の地図を見て，あとの問いに答えましょう。

A 　　B 　　C

(1) A〜Cの国の首都を，次のア〜ウからそれぞれ選びましょう。

A 〔　　　　〕　B 〔　　　　〕　C 〔　　　　〕

ア ペキン　　イ リヤド　　ウ ソウル

(2) Aの国で，国民のほとんどが信仰している宗教は何ですか。

〔　　　　　　　　〕

(3) 右の国旗は，上のA〜Cのうち，どの国のものですか。記号で答えなさい。

〔　　　　〕

☺ できなかった問題は，復習しよう。

43 日本とつながりの深い国は？②

★世界をリードする国，アメリカ合衆国

北アメリカ大陸の**アメリカ合衆国**は，政治や産業の面で世界をリードしてきた大国です。ハンバーガーやジーンズなどがアメリカで生まれ，世界中に広まりました。

ロッキー山脈
アメリカ合衆国　ニューヨーク
ワシントンD.C.（首都）

西部に雄大なロッキー山脈がある。

アメリカはさまざまな**人種・民族**がくらしている国だよ。

多文化社会といわれているのよ。

広い国土で**大きぼな農業**。

日本へもたくさん輸出しているよ。

小麦　　とうもろこし　　肉

ハロウィンや感謝祭などの行事。

トリック　オア　トリート！

宇宙開発もさかん。

★日本から遠いけどつながりは深いブラジル

南アメリカ大陸にある**ブラジル**は，日本から見て，地球の反対側にあります。明治時代以降，日本から移住した人とその子孫（**日系人**）が多く住んでいます。

アマゾン川
赤道
ブラジル連邦共和国
ブラジリア（首都）

南部は南半球にあり，**日本と季節が逆になる**。

アマゾン川流域には広大な熱帯林があるよ。

農産物や鉱産資源が豊富。

コーヒー豆　　鉄鉱石

コーヒー豆の生産量は世界一。

祭りが大好き。リオのカーニバル

ちょっとくわしく！
国旗と国歌…人々の願いがこめられているので，たがいに尊重し合うことが大切である。

日本の国旗▲

基本練習

→ 答えは別冊12ページ

1 □□□□□にあてはまる語句を書きましょう。また，（　　　）の中で正しいほうを選びましょう。

(1) アメリカ合衆国にはさまざまな人種・民族の人がくらし，□□□□□□社会といわれています。

(2) ブラジルの北部には□□□□□□□川が流れ，流域には広い熱帯林があります。南部は南半球にあり，12月は（　冬・夏　）です。

(3) ブラジルは（　コーヒー豆・茶　）の生産がさかんで，生産量は世界一です。

2 次の国旗を見て，あとの問いに答えましょう。

A

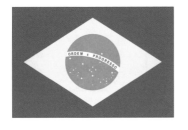

B

(1) A，Bの国の首都を，次のア～ウからそれぞれ選びましょう。

A〔　　　　　〕　B〔　　　　　〕

ア　ワシントンD.C.　　イ　ニューヨーク　　ウ　ブラジリア

(2) Aの国には，日本から移住した人とその子孫が多く住んでいます。その人たちを何といいますか。　〔　　　　　〕

(3) 日本がBの国からたくさん輸入しているものを，次のア～エから2つ選びましょう。　〔　　　　　〕

ア　衣類　　イ　肉類　　ウ　石油　　エ　小麦

☺ できなかった問題は，復習しよう。

44 国際連合はどんなことをしているの？

★ 総会などのさまざまな機関がある！

国際連合（国連）は，第二次世界大戦が終わった1945年，世界平和を守り，より
よい社会をつくるために発足しました。目的に応じたさまざまな機関があります。

全体に関わることを決めるのは**総会**。

国際平和に関する重要なことを決めるのは，**安全保障理事会**。

子どもたちを守るユニセフ
（国連児童基金）

戦争　災害　貧困

寄付金を集め，生活に苦しむ子どもたちを支援する。

教育や文化を守るユネスコ
（国連教育科学文化機関）

教育のふきゅうや大切な自然・文化遺産を守る活動を行う。

日本にもユネスコの世界遺産 登録地がいくつもあるよ。

法隆寺　姫路城　白神山地

★ 平和を守り，環境問題に取り組む！

国連は，世界平和を守る活動のほかに，民間の**NGO（非政府組織）**などと協力して地球規模の環境問題にも取り組み，**持続可能な社会**を目指しています。

平和を守る。
戦争や紛争の広がりを防ぎ，復興を支援する。

難民を援助する。

戦争で住むところがなくなったんです。

環境問題に取り組む。
地球温暖化

島がしずむ！

海面上昇などをもたらす。

熱帯林の減少

森林は環境にとって大切。

ちょっとくわしく！

ODA（政府開発援助）…政府による**国際協力**の活動。支援を必要とする国に対し，資金や技術を提供している。

1 　　　　にあてはまる語句を書きましょう。また，（　　　）の中で正しいほうを選びましょう。

(1) 地球の気温が上がり，海面の上昇などを引き起こす

　　　　　　　　　　化が問題となっています。

(2) 国連は(1)などの環境問題に取り組み，豊かな生活とのバランスを考えながら，　　　　　　　　　　な社会の実現を目指しています。

(3) （　ODA・NGO　）は，政府による国際協力の活動で，支援を必要とする国に対し，資金や技術を提供しています。

2 次の資料や写真を見て，あとの問いに答えましょう。

A　平和に関する重要なことを話し合う，国連の中心機関。
B　病気や栄養不足などに苦しむ子どもを守る活動をしている機関。
C　すべての加盟国が参加し，全体に関わることを決める，国連の中心機関。

(ピクスタ)

(1) 資料のA〜Cにあてはまる国連の機関を，次のア〜ウからそれぞれ選びましょう。　A〔　　　〕　B〔　　　〕　C〔　　　〕

　　ア　安全保障理事会　　イ　総会　　ウ　ユニセフ

(2) 写真は兵庫県にある姫路城で，世界的な価値をもつ建造物として世界遺産に登録されています。この世界遺産の登録活動を行っている，国連の機関をカタカナで答えなさい。　〔　　　　　　　〕

😊 できなかった問題は，復習しよう。

1

右の図や写真を見て，次の問いに答えましょう。 【各6点　計60点】

(1) 図1中の**A**の国は中国です。この国の首都名を答え，その位置を図1中の**ア〜ウ**から選んで記号で答えましょう。

首都名[　　　　　]
位置[　　　]

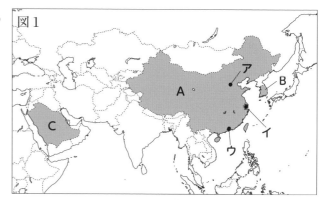

図1

(2) 図1中の**B**と**C**の国の名前を答えましょう。

B[　　　　　]
C[　　　　　]

図2

(アフロ)

안녕 하 세요

(3) 図2は**B**の国で使われている文字です。この文字を何といいますか。 [　　　　　 文字]

(4) 写真は，イスラム教の聖地のメッカです。メッカは，図1中の**A〜C**のどの国にありますか。記号で答えましょう。 [　　　　]

(5) 次の①，②は，図1中の**A〜C**のどの国のことですか。1つずつ選び，記号で答えましょう。

① 輸出の大部分を石油がしめ，日本もこの国からたくさん輸入している。

② 人口は約14億人で，世界一である。 ① [　　　] ② [　　　]

(6) 図1中の**B**と**C**の国の国旗を次から1つずつ選び，記号で答えましょう。

ア  **イ**  **ウ**

B[　　　]
C[　　　]

学習日		得点
	月　　日	／100点

2 次の問いに答えましょう。　　　　　　　　　　　　【各5点　計20点】

(1) アメリカ合衆国（がっしゅうこく）の自然や文化について，次の文の　A ，　B にあてはまる語句を答えましょう。

◆　西部にけわしい　A 山脈がある。10月31日に行われる　B では，子どもたちが仮装（かそう）をして近所の家々をまわり，お菓子（かし）をもらう。

A〔　　　　　　　　　〕 B〔　　　　　　　　　〕

(2) アメリカ合衆国の産業について，正しく説明したものを次から2つ選び，記号で答えましょう。

ア 大きぼな農業がさかんで，日本にとって小麦の最大の輸入相手国である。

イ 沿岸部（えんがんぶ）の経済特区（けいざいとっく）に外国企業（きぎょう）が進出し，経済が急成長した。

ウ コーヒー豆の生産量は世界一である。

エ 宇宙（うちゅう）開発の分野で世界をリードしている。　　〔　　　〕〔　　　〕

3 次の問いに答えましょう。　　　　　　　　　　　　【各5点　計20点】

(1) 次の①〜③の活動と関係の深い国際連合の機関を，あとの**ア〜エ**から1つずつ選び，記号で答えましょう。

① 紛争（ふんそう）が続く国で飢（う）えに苦しむ子どもたちに食料を配った。

② 内戦が続いていた国に，停戦を監視（かんし）するための部隊が派遣（はけん）された。

③ 日本の小笠原諸島（おがさわらしょとう）や百舌鳥（もず）・古市古墳群（ふるいちこふんぐん）が世界遺産（せかいいさん）に登録された。

ア 国連環境（かんきょう）計画　**イ** ユニセフ　**ウ** ユネスコ　**エ** 安全保障（ほしょう）理事会

①〔　　　　〕②〔　　　　〕③〔　　　　〕

(2) 現在，世界では，豪雨（ごうう）や干（かん）ばつなどの異常（いじょう）気象や，氷河がとけるなどの現象が起こっています。このような現象を引き起こしているとされる地球の環境問題を何といいますか。　　　　　　　　　〔　　　　　　　　　〕

小6社会をひとつひとつわかりやすく。 改訂版

編集協力
野口光伸

カバーイラスト・シールイラスト
坂木浩子

本文イラスト
青橙舎（高品吹夕子）

ブックデザイン
山口秀昭（Studio Flavor）

図版
木村図芸社

写真提供
写真そばに記載

DTP
㈱四国写研

小6社会を
ひとつひとつわかりやすく。
［改訂版］

 解答と解説

 軽くのりづけされているので，
外して使いましょう。

Gakken

01 日本国憲法はどんな特色があるの？①
本文7ページ

1 □□□□□にあてはまる語句を書きましょう。

(1) 日本の国や国民生活の基本を定めているのが
〔 **日本国憲法** 〕で，国の最高のきまりです。

(2) (1)のきまりで，国民は政治に参加する権利（ **参政** 権）があ
たえられています。

(3) (1)のきまりで，天皇は日本国の **象徴(しるし)** と定められてい
ます。

2 次の資料と写真を見て，あとの問いに答えましょう。

A	二度と戦争をしない。
B	政治のあり方を最終的に決める権利は国民にある。
C	だれもが生まれながらにしてもっている権利を大切にする。

(1) 資料中の**A～C**は，日本国憲法の３つの原則です。それぞれ何といいま
すか。

A〔 **平和主義** 〕
B〔 **国民主権** 〕
C〔 **基本的人権の尊重** 〕

(2) 写真は国務大臣の任命式の様子です。このような，日本国憲法に定めら
れた天皇が行う仕事を何といいますか。

〔 **国事行為** 〕

解説 **2** (2) 国事行為はほかに，憲法改正・法律・条約の
公布や国会の召集などがある。

---

02 日本国憲法はどんな特色があるの？②
本文9ページ

1 □□□□□にあてはまる語句を書きましょう。

(1) 日本国憲法では，すべての人に，自由で **平等** である権利など，
人間らしく生きるための権利を保障しています。

(2) 日本国憲法は，戦争を二度とくり返さないために， **平和** 主
義の原則をかかげています。

(3) 日本は，核兵器を「もたない，つくらない，
もちこませない 」の非核三原則をかかげています。

2 次の資料と写真を見て，あとの問いに答えましょう。

国民の三大義務
・ **A** を納める義務。
・仕事について **B** 義務。
・子どもに **C** を受けさせる義務。

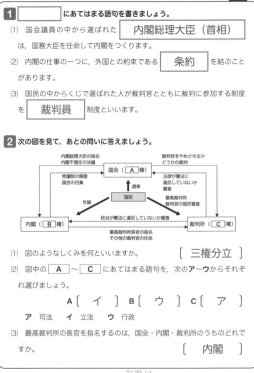
（読売新聞／アフロ）

(1) 資料は，国民の三大義務です。 **A** ～ **C** にあてはまる語句を書
きましょう。

A〔 **税金** 〕
B〔 **働く** 〕
C〔 **教育** 〕

(2) 写真は，日本の平和と安全を守る組織が，豪雨の被災地で救助活動を行っ
ている様子です。この組織を何といいますか。

〔 **自衛隊** 〕

解説 **2** (2) 自衛隊は，大きな自然災害が起きたときに，
国民の生命や財産を守る活動を行う。

---

03 国会のはたらきは？
本文11ページ

1 □□□□□にあてはまる語句を書きましょう。

(1) 国会は国の **政治** の方向を決める機関です。

(2) 国会の仕事でとくに重要なのが **法律** をつくることで，この
はたらきを立法といいます。

(3) 敬老の日や山の日などの国民の **祝日** も，国会で決められた
きまりにもとづいています。

2 次の表と写真を見て，あとの問いに答えましょう。

A		B
30才以上	資格	25才以上
248人	定員	465人
6年	任期	4年
なし	解散	あり

（アフロ）

(1) 表は，国会を構成する２つの議院のちがいをまとめたものです。**A**，**B**
にあてはまる議院を，それぞれ書きましょう。

A〔 **参議院** 〕 B〔 **衆議院** 〕

(2) 国会が議決する，国の収入と支出のことを何といいますか。

〔 **予算** 〕

(3) 写真は，国会議員の選挙における投票の様子です。選挙権をもつのは何
才以上の国民ですか。次の**ア～エ**から１つ選びましょう。〔 **ア** 〕

ア 18才以上 **イ** 20才以上 **ウ** 25才以上 **エ** 30才以上

解説 **2** (2) 予算の議決のほかに，法律の制定や内閣総理
大臣の指名なども国会の仕事である。

---

04 内閣と裁判所のはたらきは？
本文13ページ

1 □□□□□にあてはまる語句を書きましょう。

(1) 国会議員の中から選ばれた **内閣総理大臣（首相）**
は，国務大臣を任命して内閣をつくります。

(2) 内閣の仕事の一つに，外国との約束である **条約** を結ぶこと
があります。

(3) 国民の中からくじで選ばれた人が裁判官とともに裁判に参加する制度
を **裁判員** 制度といいます。

2 次の図を見て，あとの問いに答えましょう。

内閣総理大臣の指名
内閣不信任の決議
衆議院の解散
国会の召集

国会（ **A** 権）

裁判官をやめさせるか
どうかの裁判

法律が憲法に
違反していないか
審査

最高裁判所
裁判官の国民審査

選挙

国民

世論

政治が憲法に違反していないか審査

内閣（ **B** 権）

裁判所（ **C** 権）

最高裁判所長官の指名
その他の裁判官の任命

(1) 図のようなしくみを何といいますか。 〔 **三権分立** 〕

(2) 図中の **A** ～ **C** にあてはまる語句を，次の**ア～ウ**からそれぞ
れ選びましょう。

A〔 **イ** 〕 B〔 **ウ** 〕 C〔 **ア** 〕

ア 司法 **イ** 立法 **ウ** 行政

(3) 最高裁判所の長官を指名するのは，国会・内閣・裁判所のうちのどれで
すか。 〔 **内閣** 〕

解説 **2** (3) 図中で，「最高裁判所長官の指名」は，内閣か
ら裁判所に向かって矢印がのびている。

05 くらしと市の政治の結びつきは？ 本文15ページ

1 　　　にあてはまる語句を書きましょう。

(1) 市議会は，法律の範囲内で 　条例　 （きまり）を定めることができます。

(2) 市が事業を進めるための費用は，主に住民が納める 　税金　 でまかなわれます。

(3) 税金のうち，ものを買ったときにかかるのは 　消費　 税です。

2 市の子育て支援センターができるまでの流れを示した次の図を見て，あとの問いに答えましょう。

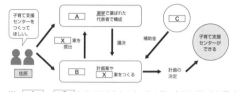

(1) 　A　 ～ 　C　 にあてはまるものを，次の**ア**～**ウ**からそれぞれ選びましょう。

A〔 ウ 〕 B〔 イ 〕 C〔 ア 〕

ア 国や県　**イ** 市役所　**ウ** 市議会

(2) 　X　 にあてはまる語句を書きましょう。 〔 予算 〕

(3) 図中の下線部について，選挙で投票できるのは何才以上の市民ですか。

〔 18才以上 〕

解説 **2** (2) 市役所は予算案を作成して市議会に提出し，市議会はその予算案について話し合い，議決する。

06 縄文時代と弥生時代はどうちがうの？ 本文19ページ

1 　　　にあてはまる語句を書きましょう。

(1) 縄文時代の人々は， 　狩り　 や漁，木の実の採集などをしてくらしていました。

(2) 　弥生　 時代には，米づくりが広まり，食料生産が増えて，人々の生活が安定しました。

(3) 縄文時代や弥生時代の人々は，地面を浅くほって，屋根を草などでふいた 　たて穴（竪穴）　 住居に住んでいました。

2 次の写真を見て，あとの問いに答えましょう。

(1) Ａ～Ｃの写真の道具を，主に縄文時代に使われていたものと，主に弥生時代に使われていたものに分けて，記号で答えましょう。

縄文時代〔 Ｂ 〕 弥生時代〔 Ａ，Ｃ 〕

(2) Ｃの道具を何といいますか。また，その使いみちを，次の**ア**～**ウ**から1つ選びましょう。

名前〔 石包丁 〕 使いみち〔 ウ 〕

ア 動物を狩る。　**イ** 魚や貝をとる。　**ウ** 稲の穂をかり取る。

解説 **2** (1) Ａはかざりが少ない弥生土器，Ｂはかざりが多い縄文土器である。

07 卑弥呼のくにはどんなくに？ 本文21ページ

1 　　　にあてはまる語句を書きましょう。また，（　　）の中で正しいほうを選びましょう。

(1) 弥生時代， 　米づくり　 が広まって食料生産が増えると，田や用水などをめぐってむらどうしの争いが起こるようになりました。

(2) むらの中でも強いむらは，周りのむらを従えて，小さな 　くに　 になりました。

(3) 弥生時代には，大陸から（ 石器・**青銅器** ）や鉄器が伝わりました。

(4) 邪馬台国の女王は，（ **中国**・朝鮮 ）に使いを送り，皇帝から銅鏡などをさずかりました。

2 次の史料（中国の歴史の本の一部）を見て，あとの問いに答えましょう。

> 日本では，最も勢いのある邪馬台国が 　A　 ほどのくにを従えている。このくにの女王の 　B　 は，神のおつげを伝えて人々の心をとらえ，弟が女王の考えをもとにして政治を行っている。

(1) 　A　 にあてはまる数字を，次の**ア**～**エ**から1つ選びましょう。

ア 10　**イ** 30　**ウ** 50　**エ** 100 〔 イ 〕

(2) 　B　 にあてはまる人物を答えましょう。

〔 卑弥呼 〕

(3) 史料の時代の大きなむらのあとである，佐賀県にある右の写真の遺跡を何といいますか。

〔 吉野ヶ里遺跡 〕

解説 **2** (3) 吉野ヶ里遺跡は，戦いに備えて，集落の周りが，さくや二重の堀で囲まれていた。

08 古墳ってどんなもの？ 本文23ページ

1 　　　にあてはまる語句を書きましょう。また，（　　）の中で正しいほうを選びましょう。

(1) 3世紀ごろからつくられた 　古墳　 は，その地域を支配していた王や豪族の墓です。

(2) 　大和朝廷（大和政権）　 は，4～5世紀ごろ，大和（奈良県）や河内（大阪府）にできた，大きな力をもつ国の政府です。

(3) (2)の中心となった王を 　大王　 （のちの天皇）といいます。

(4) (2)はやがて，（ **九州**・北海道 ）～東北地方南部を支配しました。

2 次の写真を見て，あとの問いに答えましょう。

(1) Ａの写真のような形の古墳を何といいますか。次の**ア**～**ウ**から1つ選びましょう。 〔 ウ 〕

ア 方墳　**イ** 円墳　**ウ** 前方後円墳

(2) 古墳の上や周りに置かれた，Ｂの写真のような人や家などをかたどった土製品を何といいますか。 〔 はにわ 〕

(3) 古墳づくりでも活やくした，大陸から日本に移り住み，すぐれた技術や文化を伝えた人々を何といいますか。 〔 渡来人 〕

解説 **2** (1) Ａは，大阪府の仁徳天皇陵（大仙＜大山＞）古墳。前が方形，後ろが円形になっている。

09 聖徳太子の国づくりって？

 本文 27 ページ

1 ☐ にあてはまる語句を書きましょう。また，（　）の中で正しいほうを選びましょう。

(1) 聖徳太子は，|冠位十二階|の制度を定めて，家がらにとらわれずに能力や功績のある者を役人に取り立てました。

(2) 聖徳太子は，中国の進んだ制度や文化，学問を取り入れるために，|遣隋使|を送りました。

(3) 聖徳太子は，中国への使いとして，（蘇我馬子・*小野妹子*）らを送りました。

2 次の史料と写真を見て，あとの問いに答えましょう。

第1条 人の和を大切にしなさい。
第2条 a仏教をあつく信仰しなさい。
第3条 ☐X☐ の命令は必ず守りなさい。

(1) 史料は政治を行う役人の心構えを示したきまりです。このきまりを何といいますか。〔 十七条の憲法 〕

(2) 史料のきまりを定めたのはだれですか。〔 聖徳太子(厩戸王) 〕

(3) 史料中の ☐X☐ にあてはまる語句を書きましょう。〔 天皇 〕

(4) 史料中の下線部aの仏教を広めるために，(2)の人物が奈良県に建てた写真の寺を何といいますか。〔 法隆寺 〕

解説 **2** (3) 聖徳太子は，有力な豪族の蘇我氏と協力して，天皇中心の新しい国づくりを進めた。

---

10 奈良時代はどんな社会だった？

 本文 29 ページ

1 ☐ にあてはまる語句を書きましょう。また，（　）の中で正しいほうを選びましょう。

(1) 645年，|中大兄皇子|（のちの天智天皇）が中臣鎌足らと協力し，|蘇我|氏をたおして政治改革を始めました。

(2) (1)の政治改革を|大化の改新|といいます。

(3) (1)の政治改革では，すべての土地と人々は（豪族・*国*）のものとする方針が示されました。

2 次の年表と資料を見て，あとの問いに答えましょう。

年表
694年	☐X☐ 京が奈良に完成
8世紀初め	a新しい法律を定める
710年	都が ☐Y☐ 京に移る

資料
① 織物や地方の特産物を納める。
② 都で働くか，布を納める。
③ 収かくした稲を納める。

(1) 年表中の ☐X☐，☐Y☐ にあてはまる語句を書きましょう。X〔 藤原 〕 Y〔 平城 〕

(2) 年表中の下線部aの法律を何といいますか。漢字2字で答えましょう。〔 律令 〕

(3) 資料は，(2)で定められた農民の主な負担（税）を示しています。① ～ ③ にあてはまるものを，次のア～エからそれぞれ選びましょう。
①〔 エ 〕 ②〔 ウ 〕 ③〔 イ 〕
ア 兵役　イ 租　ウ 庸　エ 調

解説 **2** (3) アの兵役は，成年男子が兵士となり，その一部が都や北九州の警備にあたった。

---

11 なぜ奈良の大仏をつくったの？

本文 31 ページ

1 ☐ にあてはまる語句を書きましょう。また，（　）の中で正しいほうを選びましょう。

(1) 奈良時代，聖武天皇は，|仏教|の力で国を安らかに治めようと，国ごとに（法隆寺・*国分寺*）を建てさせました。

(2) 東大寺にある|正倉院|には，聖武天皇の愛用品や，中国の（*唐*・隋）からもたらされた工芸品などが収められました。

(3) 奈良時代，中国のすぐれた僧である|鑑真|は，何度も渡航に失敗しながらも日本にやってきて正しい仏教の教えを広めました。

2 次の史料と写真を見て，あとの問いに答えましょう。

私は，仏教の力によって，国中が幸せになることを願っている。そこで，国中の銅を使って大仏をつくりたいと思う。

（東大寺）

(1) 史料の命令を出した天皇はだれですか。〔 聖武天皇 〕

(2) 写真の大仏がある寺を何といいますか。〔 東大寺 〕

(3) 写真の大仏づくりに協力した僧を，次のア～エから1人選びましょう。〔 イ 〕

ア 空海　イ 行基　ウ 小野妹子　エ 中臣鎌足

解説 **2** (3) 行基は橋や道をつくりながら，仏教を広め，人々から「菩薩」と呼ばれてしたわれていた。

---

12 藤原道長はどんな人だったの？

本文 33 ページ

1 ☐ にあてはまる語句を書きましょう。また，（　）の中で正しいほうを選びましょう。

(1) 794年，都が平安京に移り，|平安|時代をむかえました。

(2) 藤原道長は，自分のむすめたちを次々に|天皇|のきさきにして天皇と親せきとなり，大きな力をもちました。

(3) 貴族は囲碁や（漁・*けまり*）などを楽しみ，はなやかなくらしを送っていました。

2 次の史料を見て，あとの問いに答えましょう。

この世をば　わが世とぞ思ふ　もち月の
欠けたることも　なしと思へば

(1) 史料の歌をよんだ人物はだれですか。〔 藤原道長 〕

(2) 歌の意味を表した次の文の ☐ にあてはまる語句を書きましょう。〔 満月（もち月）〕

◆ この世は私のものだ。何も欠けているものはなく，☐ のようだ。

(3) (1)の人物などこの時代の貴族は，右の写真の模型のようなやしきに住んでいました。写真のやしきに取り入れられている建物のつくりを何といいますか。〔 寝殿造 〕

（国立歴史民俗博物館蔵）

解説 **2** (1) 藤原道長は，自分のむすめが天皇のきさきになったことを喜び，この歌をよんだ。

13 平安時代の文化の特ちょうは？ 本文35ページ

1 ◻️ にあてはまる語句を書きましょう。

(1) 平安時代、朝廷を中心に発達した、美しく、はなやかな日本風の文化を 国風 文化といいます。

(2) 平安時代には、漢字から かな 文字がつくられ、気持ちを文章に表現しやすくなりました。

(3) 今に伝わるお正月、端午の節句、七夕などの 年中 行事は、平安時代に貴族の間でさかんに行われました。

2 『源氏物語』の一場面をえがいた次の絵を見て、あとの問いに答えましょう。

（徳川美術館所蔵 ⓒ徳川美術館イメージアーカイブ /DNPartcom）

(1) 貴族の生活ぶりをえがいた、上のような絵を何といいますか。

〔 大和絵 〕

(2) 『源氏物語』を書いた人はだれですか。

〔 紫式部 〕

(3) 上の絵の中で、貴族の女性が着ている服装を何といいますか。

〔 十二単 〕

解説 **2** (2) 紫式部は、天皇のきさきだった藤原道長のむすめに仕え、教育係をしていた。

14 源平の戦いってどんなもの？ 本文39ページ

1 ◻️ にあてはまる語句を書きましょう。また、（　）の中で正しいほうを選びましょう。

(1) 平安時代、武士の二大勢力として、東日本では（ 平氏・源氏 ）、西日本では（ 平氏・源氏 ）が力をのばしました。

(2) 平氏は、一族で朝廷の重要な地位や役職を独占し、天皇 と親せき関係となって力をふるいました。

(3) 源頼朝の弟の 源義経 は、平氏との戦いで活やくし、のちに頼朝と対立しました。

2 次の写真と、写真の人物の年表を見て、あとの問いに答えましょう。

（東京都 ｾﾝﾀｰﾙ所蔵）

1159年	平治の乱で源義朝を破る
1167年	A になる
1172年	むすめを天皇のきさきにする
1180年	孫が天皇になる

(1) 写真の人物はだれですか。 〔 平清盛 〕

(2) 年表中の A にあてはまる役職を、次のア〜エから1つ選びましょう。 〔 エ 〕

ア 摂政　イ 関白　ウ 征夷大将軍　エ 太政大臣

(3) 写真の人物が率いていた一族がほろびたのは、山口県のどこで行われた戦いですか。次のア〜エから1つ選びましょう。 〔 ア 〕

ア 壇ノ浦　イ 一ノ谷　ウ 富士川　エ 屋島

解説 **2** (2) 太政大臣は、律令制における最高の官職。平清盛は武士として初めて太政大臣になった。

15 鎌倉幕府の政治はどんな政治？ 本文41ページ

1 ◻️ にあてはまる語句を書きましょう。また、（　）の中で正しいほうを選びましょう。

(1) 平氏をたおした 源頼朝 は、国ごとに（ 地頭・守護 ）を置き、村には（ 地頭・守護 ）を置いて、地方にも支配を広げました。

(2) (1)の人物は、（ 鎌倉・京都 ）に幕府を開いて武士の政治を始めました。1192年には、朝廷から 征夷大将軍 に任命されました。

(3) (1)の人物の死後、北条 氏が執権について政治を行いました。

2 次の図と写真を見て、あとの問いに答えましょう。

幕府のために戦う
鎌倉や京都を守る
御家人（武士）　 A → ← B 　幕府（将軍）
領地の支配を認める
新しい領地をあたえる

（安養院）

(1) 図中の A にあてはまる語句を、2字で答えましょう。 〔 奉公 〕

(2) 図中の B にあてはまる語句を、2字で答えましょう。 〔 ご恩 〕

(3) 源氏の将軍が3代で絶え、承久の乱が起きたとき、御家人に源頼朝の B を説いた写真の人物はだれですか。

〔 北条政子 〕

解説 **2** (3) 源頼朝の妻である北条政子のうったえにより、御家人たちは団結し、朝廷軍に勝利した。

16 元との戦いってどんなだったの？ 本文43ページ

1 ◻️ にあてはまる語句を書きましょう。

(1) 13世紀、モンゴルが 中国 を支配して元という国をたて、その皇帝は日本を従えようとして使者を送ってきました。

(2) 鎌倉幕府の執権だった 北条時宗 は、元の要求を退け、元との戦いに備えました。

(3) 13世紀後半に起こった、元軍との2度にわたる戦いを 元寇 といいます。

2 元との戦いをえがいた次の絵を見て、あとの問いに答えましょう。

（宮内庁三の丸尚蔵館）

(1) 絵の中で、元軍は左右どちらの軍ですか。左か右で答えましょう。 〔 左 〕

(2) 元軍がせめてきた地方を、次のア〜エから1つ選びましょう。 〔 エ 〕

ア 関東地方　イ 中国地方　ウ 四国地方　エ 九州地方

(3) 元軍が用いた戦法や兵器を、上の絵も参考に、次のア〜エから2つ選びましょう。 〔 ア、ウ 〕

ア てつはう　イ 大砲　ウ 集団戦法　エ 一騎打ち

解説 **2** (3) 火薬兵器のてつはうは、陶器に火薬と鉄片などをつめたもので、日本の武士を苦しめた。

17 室町幕府の将軍はどんな人？

本文45ページ

1 ［　　］にあてはまる語句を書きましょう。また，（　　）の中で正しいほうを選びましょう。

(1) 14世紀中ごろ，鎌倉幕府がたおれたのち，（ 源 頼朝 ・ (足利尊氏) ）が京都に新しい幕府を開きました。

(2) 足利氏の幕府を ［ 室町幕府 ］ といいます。

(3) 足利義政が将軍のころ，京都では ［ 応仁の乱 ］ という大きな戦乱が起こりました。

(4) 足利義政は，京都の東山に別荘の ［ 銀閣 ］ を建てました。

2 次の写真と，写真の人物の年表を見て，あとの問いに答えましょう。

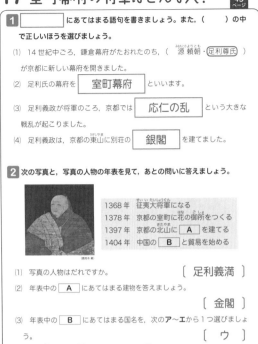

1368年	征夷大将軍になる
1378年	京都の室町に花の御所をつくる
1397年	京都の北山に A を建てる
1404年	中国の B と貿易を始める

(1) 写真の人物はだれですか。 ［ 足利義満 ］

(2) 年表中の A にあてはまる建物を答えましょう。 ［ 金閣 ］

(3) 年表中の B にあてはまる国名を，次のア～エから1つ選びましょう。 ［ ウ ］

ア 隋　イ 唐　ウ 明　エ 元

解説 **2**(3) 室町幕府の3代将軍の足利義満は，中国の明と貿易を行って，大きな利益を得た。

---

18 室町文化ってどんな文化？

本文47ページ

1 ［　　］にあてはまる語句を書きましょう。また，（　　）の中で正しいほうを選びましょう。

(1) 伝統芸能の ［ 能(能楽) ］ は，室町時代に観阿弥・世阿弥父子が大成しました。

(2) ［ すみ絵(水墨画) ］ は，すみ一色で自然などをえがいた絵です。室町時代に，（ 鑑真 ・ (雪舟) ）が大成しました。

(3) 現在にも受けつがれている室町時代の文化には，［ 茶 ］ の湯や生け花などがあります。

2 次の絵を見て，あとの問いに答えましょう。

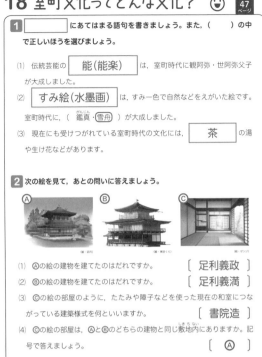

Ⓐ　　Ⓑ　　Ⓒ

(1) Ⓐの絵の建物を建てたのはだれですか。 ［ 足利義政 ］

(2) Ⓑの絵の建物を建てたのはだれですか。 ［ 足利義満 ］

(3) Ⓒの絵の部屋のように，たたみや障子などを使った現在の和室につながっている建築様式を何といいますか。 ［ 書院造 ］

(4) Ⓒの絵の部屋は，ⒶとⒷのどちらの建物と同じ敷地内にありますか。記号で答えましょう。 ［ Ⓐ ］

解説 **2** Ⓐは銀閣，Ⓑは金閣，Ⓒは銀閣の近くにある，東求堂の書院造の部屋である。

---

19 ヨーロッパから伝わったのはどんなもの？

本文51ページ

1 ［　　］にあてはまる語句を書きましょう。また，（　　）の中で正しいほうを選びましょう。

(1) 日本各地で戦国大名が戦っていたころ，（ (ヨーロッパ) ・ アメリカ ）人がアジアに進出しました。

(2) 1543年，ポルトガル人が鹿児島県の（ 屋久島 ・ (種子島) ）にたどり着き，［ 鉄砲 ］ を伝えました。

(3) 1549年，スペインの宣教師が鹿児島に ［ キリスト ］ 教を伝えました。

2 次の史料を見て，あとの問いに答えましょう。

Ⓐ　　Ⓑ

(1) Ⓐは，16世紀後半に，堺や長崎などの港町を中心に行われた貿易の様子です。この貿易を何といいますか。 ［ 南蛮貿易 ］

(2) (1)の貿易の相手国を，次のア～エから2つ選びましょう。 ［ イ，エ ］

ア アメリカ　イ ポルトガル　ウ 中国　エ スペイン

(3) 同じころ，日本にキリスト教を伝えたⒷの人物はだれですか。 ［ フランシスコ・ザビエル(ザビエル) ］

解説 **2**(3) ザビエルは，平戸（長崎県）や山口，京都などを訪れ，日本にキリスト教を広めた。

---

20 織田信長はどんなことをした人？

本文53ページ

1 ［　　］にあてはまる語句を書きましょう。また，（　　）の中で正しいほうを選びましょう。

(1) 織田信長は滋賀県の ［ 安土 ］ に城を築いて，天下統一事業の本拠地としました。

(2) 織田信長は，(1)の城下町で，（ 農業 ・ (商業) ）をさかんにするために楽市・楽座という政策を行いました。

(3) 織田信長は，（ (キリスト) ・ 仏 ）教を保護しました。

(4) 織田信長は，天下統一の途中で，家来の（ 徳川家康 ・ (明智光秀) ）にそむかれ，自害しました。

2 織田・徳川連合軍と武田軍の戦いをえがいた次の絵を見て，あとの問いに答えましょう。

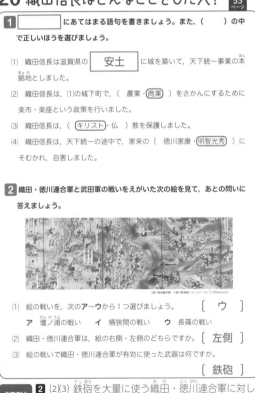

(1) 絵の戦いを，次のア～ウから1つ選びましょう。 ［ ウ ］

ア 壇ノ浦の戦い　イ 桶狭間の戦い　ウ 長篠の戦い

(2) 織田・徳川連合軍は，絵の右側・左側のどちらですか。 ［ 左側 ］

(3) 絵の戦いで織田・徳川連合軍が有効に使った武器は何ですか。 ［ 鉄砲 ］

解説 **2**(2)(3) 鉄砲を大量に使う織田・徳川連合軍に対し，武田軍は馬に乗り，やりでせめこんでいる。

21 豊臣秀吉はどんなことをした人？ 本文55ページ

1 　　　にあてはまる語句を書きましょう。また，（　　）の中で正しいほうを選びましょう。

(1) 豊臣秀吉は，（ 織田信長・明智光秀 ）のあとをついで統一事業を進めました。秀吉が天下統一の本拠地とした城は 大阪城 です。

(2) 豊臣秀吉は，全国の田畑の面積や収かく量，耕作者などを調べる 検地 を行って，百姓に決められた（ 特産物・年貢 ）を納めさせるようにしました。

(3) 豊臣秀吉は明を支配しようと， 朝鮮 に大軍を送りました。

2 次の史料と写真を見て，あとの問いに答えましょう。

― 諸国の百姓が刀，やり，鉄砲などの武器を持つことを固く禁止する。
― 取り上げた刀などは，大仏のくぎなどにする。

(1) 史料の命令を何といいますか。解答らんに合わせて答えましょう。 〔 刀狩 令〕

(2) 史料の命令を出した，写真の人物はだれですか。 〔 豊臣秀吉 〕

(3) 史料の命令は，百姓の何を防ぐためのものでしたか。 〔 一揆 〕

(4) 史料の命令と検地によって，だれと百姓・町人の身分が区別されはじめましたか。 〔 武士 〕

解説 **1** (3) 朝鮮の人々の激しい抵抗などで日本軍は行きづまり，秀吉の死後に朝鮮から引きあげた。

22 どのようにして江戸幕府ができたの？ 本文57ページ

1 　　　にあてはまる語句を書きましょう。また，（　　）の中で正しいほうを選びましょう。

(1) 1603年，徳川家康は，朝廷から 征夷大将軍 に任命されました。

(2) 関ヶ原の戦いのあとに徳川家に従った大名を（ 外様・譜代 ）といい，江戸幕府から警戒されて江戸から（ 近いところ・遠いところ ）などに配置されました。

(3) 1605年，徳川家康は，将軍職を子の（ 徳川家光・徳川秀忠 ）にゆずりました。

2 次の写真と，写真の人物の年表を見て，あとの問いに答えましょう。

1598年	仕えていた豊臣秀吉が亡くなる
1600年	A の戦いに勝つ
1603年	幕府を開く ……………B
1615年	豊臣氏をほろぼす

(1) 写真の人物はだれですか。 〔 徳川家康 〕

(2) 年表中の A にあてはまる語句を書きましょう。〔 関ヶ原 〕

(3) 年表中のBについて，写真の人物が幕府を開いた場所を，次のア～エから1つ選びましょう。 〔 イ 〕

ア 大阪　イ 江戸　ウ 京都　エ 奈良

解説 **1** (2) いっぽう，親藩（徳川家の親せき）や譜代（古くからの徳川家の家来）は重要地に配置された。

23 江戸幕府はどのように大名を従えた？ 本文59ページ

1 　　　にあてはまる語句を書きましょう。

(1) 江戸幕府は，全国の大名を取りしまるために， 武家諸法度 というきまりを定めました。

(2) (1)のきまりでは，大名の家どうしでかってに 結婚 してはいけないことや，城を修理するときは届け出ることなどが定められました。

(3) (1)のきまりに反した大名は 領地 を取り上げられたり，他の土地に移されたりしました。

2 次の写真を見て，あとの問いに答えましょう。

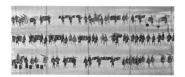

(1) 写真は，江戸時代につくられた制度によって，大名が家来を引き連れて移動している様子です。この制度を何といいますか。 〔 参勤交代 〕

(2) (1)の制度を整えた，江戸幕府の3代将軍はだれですか。 〔 徳川家光 〕

(3) 写真で，大名は領地とどこの間を行き来しましたか。 〔 江戸 〕

解説 **2** (1) 絵のような大名と家来の隊列を大名行列といい，中には人数が数千名になるものもあった。

24 江戸時代はどんなくらしだった？ 本文63ページ

1 　　　にあてはまる語句を書きましょう。また，（　　）の中で正しいほうを選びましょう。

(1) 農村では，農家5～6けんを1組とする 五人組 がつくられ，年貢の納入などに共同で責任を負いました。

(2) 大名の城を中心に（ 城下町・門前町 ），街道ぞいには（ 港町・宿場町 ）が栄えました。

(3) 江戸 は「将軍のおひざもと」と呼ばれた政治の中心地で，人口が100万人をこえました。

2 次のグラフと写真を見て，あとの問いに答えましょう。

(1) グラフは江戸時代の身分ごとの人口割合を示しています。グラフ中のAにあてはまる身分は何ですか。 〔 百姓 〕

(2) グラフ中の町人にあてはまる人たちを，次のア～エから2つ選びましょう。 〔 イ，ウ 〕

ア 皇族　イ 商人　ウ 職人　エ 百姓

(3) 写真は，江戸時代に「天下の台所」と呼ばれ，経済の中心地として栄えた都市の様子です。この都市はどこですか。 〔 大阪 〕

解説 **2** (3) 全国の大名は，大阪に蔵屋敷を置いて，領地から米や特産物を運び，売りさばいた。

25 江戸幕府はどうして鎖国をしたの？

1 ◻ にあてはまる語句を書きましょう。

(1) 江戸時代の初めは，外国との貿易がさかんに行われ，東南アジア各地に日本人が住む ⟨**日本**⟩ 町がつくられました。

(2) 1637 年，九州で，キリスト教徒を中心とする人々が，重い年貢の取り立てなどに反対して ⟨**島原・天草**⟩ 一揆を起こしました。

(3) 幕府はキリスト教徒の取りしまりを厳しく行い，キリストの像などをふませる ⟨**絵踏み**⟩ を行いました。

2 次の年表と写真を見て，あとの問いに答えましょう。

1612 年	◻ A ◻ 教を禁止
1624 年	スペイン船の来航を禁止
1639 年	ポルトガル船の来航を禁止
1641 年	◻ B ◻ 商館を c 出島 に移す

(長崎歴史文化博物館)

(1) 年表中の ◻ A ◻ にあてはまる語句を答えましょう。
〔 **キリスト** 〕

(2) 年表にあるように，外国との貿易や交渉を行う場所を厳しく制限した江戸幕府の政策を何といいますか。
〔 **鎖国** 〕

(3) (2)の間も貿易を許された，年表中の ◻ B ◻ にあてはまるヨーロッパの国はどこですか。
〔 **オランダ** 〕

(4) 写真は年表中の下線部 c の出島の様子です。出島がつくられた都市を，次の**ア〜エ**から1つ選びましょう。
〔 **エ** 〕

ア 神戸　イ 大阪　ウ 江戸　エ 長崎

解説 **2** (4) 出島は長崎の港につくられた人工の島。江戸幕府の役所の監視のもとで貿易が行われた。

---

26 江戸時代の文化ってどんな文化？

1 ◻ にあてはまる語句を書きましょう。また，（　）の中で正しいほうを選びましょう。

(1) 江戸時代には，（ 武士・**町人** ）を中心とする人々が文化のにない手になりました。

(2) 江戸時代，芝居小屋で行われる ⟨**歌舞伎**⟩ や人形浄瑠璃は，人々の楽しみとして広まりました。

(3) ⟨**近松門左衛門**⟩ は，芝居の脚本で町人の姿をいきいきとえがき，人気を集めました。

2 次の写真と史料を見て，あとの問いに答えましょう。

古池や
蛙飛びこむ
水の音

(和歌山県)

(1) 写真のような，多色刷りで世の中や人々の様子などをえがいた絵を何といいますか。
〔 **浮世絵** 〕

(2) 写真の絵をかいたのはだれですか。
〔 **歌川広重** 〕

(3) 史料の俳句をよんだ人物を，次の**ア〜エ**から1人選びましょう。
〔 **ウ** 〕

ア 喜多川歌麿　イ 葛飾北斎　ウ 松尾芭蕉　エ 雪舟

解説 **2** (1)(2) 絵は，歌川広重が東海道の名所風景をえがいた「東海道五十三次」の1枚である。

---

27 江戸時代はどんな学問が広まったの？

1 ◻ にあてはまる語句を書きましょう。

(1) 江戸時代に広まった ⟨**蘭**⟩ 学は，オランダ語の書物を通してヨーロッパの学問を研究する学問です。

(2) (1)に対して，⟨**国**⟩ 学は，仏教や儒教が伝わる以前の日本人の考え方を知ろうとする学問です。

(3) 江戸時代，百姓や町人の子どもたちは，⟨**寺子屋**⟩ で読み書きやそろばんなどを学びました。

2 次の写真を見て，あとの問いに答えましょう。

(A)(北海道伊達記念館)　(B)(千葉県香取市 伊能忠敬記念館)　(C)(早稲田大学図書館)

(1) Ⓐ〜Ⓒの写真の人物名を，次の**ア〜ウ**からそれぞれ選びましょう。
Ⓐ〔 **ウ** 〕 Ⓑ〔 **ア** 〕 Ⓒ〔 **イ** 〕

ア 伊能忠敬　イ 杉田玄白　ウ 本居宣長

(2) Ⓐ〜Ⓒの写真の人物が書いた，あるいはつくったものを，次の**ア〜ウ**からそれぞれ選びましょう。
Ⓐ〔 **ア** 〕 Ⓑ〔 **ウ** 〕 Ⓒ〔 **イ** 〕

ア 『古事記伝』　イ 『解体新書』　ウ 正確な日本地図

解説 **1** (2) 国学は，江戸時代後半，庶民の間に広まっていき，社会へ大きな影響をあたえた。

---

28 どうして鎖国は終わったの？

1 ◻ にあてはまる語句を書きましょう。また，（　）の中で正しいほうを選びましょう。

(1) 1853 年，アメリカの使節 ⟨**ペリー**⟩ が来航して，江戸幕府に開国を求めました。

(2) 1854 年，日米 ⟨**和親**⟩ 条約が結ばれ，アメリカ船に水や食料，燃料の補給を認めました。

(3) 1858 年，日米 ⟨**修好通商**⟩ 条約が結ばれ，日本は貿易を始めることを認めました。

(4) 開国後，現在の山口県にあった（ 紀伊藩・**長州藩** ）や，鹿児島県にあった薩摩藩などは外国と戦いました。

2 次の地図を見て，あとの問いに答えましょう。

(1) 日米和親条約で開かれた港を示しているものを，Ⓐ〜Ⓒから1つ選びましょう。
〔 **Ⓒ** 〕

(2) 日米修好通商条約で開かれた港を示しているものを，Ⓐ〜Ⓒから1つ選びましょう。
〔 **Ⓐ** 〕

解説 **2** 日米和親条約では，函館と下田，日米修好通商条約では，函館，横浜，新潟，神戸，長崎を開港。

29 江戸幕府はどうしてたおれたの？

本文75ページ

1 ▢ にあてはまる語句を書きましょう。また，（　）の中で正しいほうを選びましょう。

(1) 倒幕を目指して，西郷隆盛らの（ 薩摩藩 ・土佐藩 ）と，木戸孝允らの長州藩は同盟を結びました。

(2) 1867年，江戸幕府の15代将軍の ▢徳川慶喜▢ が政権を朝廷に返し，江戸幕府はたおれました。

(3) 江戸幕府がたおれたのち，西郷隆盛らは，▢天皇▢ を中心とする新しい政府を成立させました。

2 次のグラフと写真を見て，あとの問いに答えましょう。

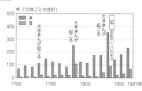

(1) グラフ中のAは，百姓が領主に対して起こした集団的な抗議行動の件数を示しています。この行動を何といいますか。〔 百姓一揆 〕

(2) グラフ中のBは，都市の貧しい人たちが集団で米屋などをおそった暴動の件数を示しています。この暴動を何といいますか。〔 打ちこわし 〕

(3) グラフ中の ▢C▢ には，幕府のもと役人だった写真の人物があてはまります。この人物はだれですか。〔 大塩平八郎 〕

解説 **2** (1)(2) 百姓一揆も打ちこわしも，大ききんが起きたとき，とくに数が増えていることがわかる。

---

30 明治維新で日本はどう変わった？

本文77ページ

1 ▢ にあてはまる語句を書きましょう。

(1) 明治新政府は，藩を廃止して府・県を置く ▢廃藩置県▢ を行いました。

(2) 新政府は，経済力をつけ，強い軍隊をつくる ▢富国強兵▢ を目指し，さまざまな改革を進めました。

(3) 新政府は，近代的な軍隊をつくるために ▢徴兵▢ 令を出し，成年男子に兵役の義務を課しました。

(4) 新政府は，国の収入を安定させるために ▢地租改正▢ を行い，農民に土地の価格に応じた地租を現金で納めさせるようにしました。

2 次の史料と写真を見て，あとの問いに答えましょう。

> 一，政治は，会議を開き，みんなの意見を聞いて決めよう。
> 一，みんなが心を合わせ，国の政策を行おう。（一部）

(1) 史料は，1868年に発表された新しい政治の方針です。これを何といいますか。〔 五箇条の御誓文 〕

(2) 写真は，1872年に群馬県に完成した官営の製糸場です。この製糸場を何といいますか。〔 富岡製糸場 〕

(3) 新政府は，写真のような官営工場を各地につくり，近代的な工業を始めました。この政策を何といいますか。〔 殖産興業 〕

解説 **2** (2) 富岡製糸場は日本の産業の発展に大きく貢献し，世界遺産に登録されている。

---

31 文明開化ってどういうこと？

本文79ページ

1 ▢ にあてはまる語句を書きましょう。また，（　）の中で正しいほうを選びましょう。

(1) 1871（明治4）年，（ 郵便制度 ・ラジオ放送 ）が始まりました。

(2) 1872年，新橋（東京都）と ▢横浜▢ （神奈川県）の間に日本で初めて鉄道が開通しました。

(3) 西洋の学問を学んだ ▢福沢諭吉▢ は『学問のすゝめ』を著し，学問の大切さを説きました。

2 次の絵は，明治時代初めごろの東京（銀座）の様子です。これを見て，あとの問いに答えましょう。

(1) 絵の中に確認できるものを，次のア〜カからすべて選びなさい。〔 ア，ウ，エ，カ 〕

　ア 人力車　イ かごに乗った人　ウ 洋服を着た人
　エ 馬車　オ 刀を持った武士　カ ガス灯

(2) 絵からわかるように，明治時代初めに，西洋風のくらしや文化がさかんに取り入れられた世の中の動きを何といいますか。〔 文明開化 〕

解説 **2** このころ，西洋風の髪型にする人が増え，牛肉やパンが食べられるようになった。

---

32 自由民権運動ってどういう運動？

本文81ページ

1 ▢ にあてはまる語句を書きましょう。また，（　）の中で正しいほうを選びましょう。

(1) （ 大久保利通 ・板垣退助 ）は，国会開設などを求めて ▢自由民権▢ 運動を進め，自由党をつくりました。

(2) 明治政府に不満をもつ士族らは，西郷隆盛が中心となった ▢西南▢ 戦争などの反乱を起こしました。

(3) 帝国議会は，▢貴族▢ 院と衆議院からなり，衆議院議員の選挙権は，（ 20 ・25 ）才以上で，一定額以上の税金を納める（ 男子 ・女子 ）に限られていました。

2 次の史料と写真を見て，あとの問いに答えましょう。

> 第1条 日本は，永久に続く同じ家系の ▢A▢ が治める。
> 第4条 ▢A▢ は，国の元首であり，国や国民を治める権限をもつ。（一部）

(1) 史料は，1889年に発布された憲法です。この憲法を何といいますか。〔 大日本帝国憲法 〕

(2) 史料中の ▢A▢ にあてはまる語句を書きましょう。〔 天皇 〕

(3) 写真は初代の内閣総理大臣で，史料の憲法づくりでも中心となった人物です。この人物はだれですか。〔 伊藤博文 〕

解説 **1** (3) このとき，選挙権をもった人は，当時の全国民の約1.1％だけだった。

33 日清戦争はなぜ起こったの？

本文83ページ

1 □ にあてはまる語句を書きましょう。

(1) 19世紀の終わりごろ、 朝鮮 に勢力を広げようとする日本と中国が対立を深めました。

(2) 1894年、日本と中国との間で 日清 戦争が起こり、日本が勝利しました。

(3) ロシア は、ドイツ・フランスとともに、日本が(2)の戦争で得た領土の一部を返すように日本に強く要求しました。

2 次の地図とグラフを見て、あとの問いに答えましょう。

その他 7.1
C 2.8
B 5.5
A 84.6%

(1) 日本が日清戦争の講和条約で得た地図中の**X**の地域を何といいますか。次の**ア〜エ**から1つ選びましょう。　〔 ウ 〕

ア 樺太　イ 香港　ウ 台湾　エ 満州

(2) 日本が日清戦争の講和条約で得たものの、その後、清に返すことになったのは、地図中の**ア**、**イ**のどちらの半島ですか。　〔 ア 〕

(3) グラフは、日本が日清戦争で得た賠償金の使いみちです。**A**にあてはまるものを、次の**ア〜ウ**から1つ選びましょう。　〔 イ 〕

ア 教育基金　イ 軍事関連費　ウ 皇室財産

解説 **2** (2) 日本は**ア**のリャオトン半島を得たが、ロシアなどから清に返すように要求された。

---

34 日露戦争はなぜ起こったの？

本文85ページ

1 □ にあてはまる語句を書きましょう。また、（　）の中で正しいほうを選びましょう。

(1) 日清戦争後、日本とロシアは、中国東北部の 満州 や朝鮮をめぐって対立し、1904年、戦争を始めました。

(2) (1)の戦争では、日本海海戦で（ 伊藤博文・<u>東郷平八郎</u> ）が率いる艦隊がロシアの艦隊を破りました。

(3) (1)の戦争に勝った日本は、（ <u>樺太（サハリン）</u>・台湾 ）の南部を得ました。

(4) (1)の戦争後の1910年、日本は 朝鮮（韓国） を併合して、日本の植民地にしました。

2 次の写真と、写真の人物が発表した詩を見て、あとの問いに答えましょう。

あゝをとうとよ、君を泣く、君死にたまふことなかれ、
末に生れし君なれば　親のなさけはまさりしも、
親は刃をにぎらせて　人を殺せとをしへしや、
人を殺して死ねよとて　二十四までをそだてしや。（一部）

(1) 写真の人物はだれですか。　〔 与謝野晶子 〕

(2) 写真の人物が、上の詩を発表して反対する気持ちを表した戦争を、次の**ア〜エ**から1つ選びましょう。　〔 ウ 〕

ア 日中戦争　イ 日清戦争　ウ 日露戦争　エ 太平洋戦争

解説 **2** 与謝野晶子は、日露戦争の戦地にいる弟を心配する詩を発表し、戦争に反対する気持ちを表した。

---

35 不平等条約はどのように改正されたの？

本文87ページ

1 □ にあてはまる語句を書きましょう。また、（　）の中で正しいほうを選びましょう。

(1) 不平等条約の改正を目指した明治政府は、（ 寺子屋・<u>鹿鳴館</u> ）で舞踏会を開いて、近代化を外国にアピールしましたが、失敗しました。

(2) 1894（明治27）年、外務大臣の 陸奥宗光 の交渉で、領事裁判権をなくすことに成功しました。

(3) 1911年、外務大臣の 小村寿太郎 の交渉で、関税自主権の回復に成功しました。

2 次の資料と写真を見て、あとの問いに答えましょう。

A 輸入品にかける税金を自由に決める権利。
B 罪をおかした外国人を、その国にいる領事が自国の法律で裁く権利。

(1) 資料中の**A**の権利を何といいますか。　〔 関税自主権 〕

(2) 資料中の**B**の権利を何といいますか。　〔 領事裁判権（治外法権） 〕

(3) 写真は1886年に起きたノルマントン号事件を風刺したまんがです。この事件と関係が深いのは、資料中の**A**、**B**のどちらですか。　〔 B 〕

解説 **2** (3) ノルマントン号事件で、イギリス人船長は、領事裁判により軽いばつを受けただけだった。

---

36 産業や社会はどう変わったの？

本文89ページ

1 □ にあてはまる語句を書きましょう。また、（　）の中で正しいほうを選びましょう。

(1) 明治時代には近代工業が発展し、紡績業や製糸業などの（ <u>せんい</u>・化学 ）工業がさかんになりました。また、政府は重工業の発展にも力を入れ、官営の八幡製鉄所を（ 大阪・<u>北九州</u> ）につくりました。

(2) 工業の発展とともに公害も発生し、足尾銅山鉱毒事件では、衆議院議員だった 田中正造 が被害農民を救う運動を進めました。

(3) 野口英世 は黄熱病を研究しました。

2 次の文を読んで、あとの問いに答えましょう。

> 大正時代には **A** 主義の考え方が広まり、社会的な権利を主張する動きがさかんになった。1925年には普通選挙が実現し、**B** 才以上のすべての男子に選挙権があたえられたが、<u>女性の選挙権は認められなかった。</u>

(1) **A**、**B**にあてはまる語句や数字を書きましょう。

A〔 民主 〕　B〔 25 〕

(2) 下線部について、女性の選挙権の獲得などをうったえた、下の写真の人物はだれですか。次の**ア〜エ**から1人選びましょう。　〔 イ 〕

ア 与謝野晶子　イ 平塚らいてう
ウ 北条政子　エ 津田梅子

解説 **2** (2) 平塚らいてうや市川房枝らは新婦人協会を設立し、女性の地位向上を目指した。

37 どうして日中戦争が起こったの？
本文93ページ

1 ▢ にあてはまる語句を書きましょう。また，（ ）の中で正しいほうを選びましょう。

(1) 昭和時代の初め，日本は（ 好景気・**不景気** ）になりました。

(2) 1931年，日本軍は中国東北部を占領し，翌年，**満州** 国として独立させ，政治の実権をにぎりました。

(3) 1937年，日本軍と中国軍の衝突をきっかけに **日中** 戦争が始まりました。

2 次の年表と地図を見て，あとの問いに答えましょう。

1931年	**a** 満州事変が起こる
1933年	日本が ▢X を脱退する
1937年	**b** 日本軍と中国軍の衝突をきっかけに戦争が始まる

(1) 下線部 **a** の満州の位置を，地図中の**ア～ウ**から1つ選びましょう。 〔 **ア** 〕

(2) ▢X にあてはまる国際組織を書きましょう。 〔 **国際連盟** 〕

(3) 下線部 **b** が起こった場所を，次の**ア～ウ**から1つ選びましょう。 〔 **ウ** 〕

ア シャンハイ郊外　**イ** ナンキン郊外　**ウ** ペキン郊外

解説 **2** (1) **イ**は朝鮮，**ウ**は台湾。日本は満州を，資源や軍事的な拠点の面で「生命線」と考えていた。

---

38 どうして太平洋戦争が起こったの？
本文95ページ

1 ▢ にあてはまる語句を書きましょう。また，（ ）の中で正しいほうを選びましょう。

(1) ヨーロッパでは，1939年に **ドイツ** を中心とする国々と，イギリス・フランスなどの国々との間で，世界大戦が始まりました。

(2) 日本は資源を求めて，（ 西・**東南** ）アジアに軍隊を送りました。

(3) 1941年，日本は(2)の地域や太平洋を戦場とする **太平洋** 戦争を始めました。

2 次の年表と写真を見て，あとの問いに答えましょう。

1939年	第 ▢X 次世界大戦が始まる
1940年	**a** 日本が軍事同盟を結ぶ
1941年	日本がハワイにある写真の基地を攻撃し，戦争が始まる

(1) ▢X にあてはまる漢数字を書きましょう。 〔 **二** 〕

(2) 下線部 **a** について，日本が軍事同盟を結んだ国を，次の**ア～エ**から2つ選びましょう。 〔 **ア，エ** 〕

ア イタリア　**イ** イギリス　**ウ** フランス　**エ** ドイツ

(3) 写真はどこの国の基地ですか。次の**ア～エ**から1つ選びましょう。 〔 **イ** 〕

ア ロシア　**イ** アメリカ　**ウ** 中国　**エ** イギリス

解説 **2** (2) この軍事同盟により，日本はイギリスやアメリカなどと激しく対立するようになった。

---

39 戦争はどのようにして終わったの？
本文97ページ

1 ▢ にあてはまる語句を書きましょう。また，（ ）の中で正しいほうを選びましょう。

(1) 戦争が激しくなると日本では物資が不足し，米が **配給** 制になりました。

(2) 日本本土への空襲が始まると，都市部の小学生は親元をはなれ，地方に集団 **疎開** しました。

(3) 1945年5月，ヨーロッパでは，（ イギリス・**ドイツ** ）が連合国軍に降伏しました。

2 次の年表と地図を見て，あとの問いに答えましょう。

1945年4月	アメリカ軍が ▢A に上陸
1945年8月6日	原子爆弾が投下される…①
1945年8月9日	原子爆弾が投下される…②
1945年8月 ▢B 日	天皇がラジオで日本の降伏を伝える

(1) ▢A にあてはまる島を，次の**ア～エ**から1つ選びましょう。 〔 **エ** 〕

ア 北海道　**イ** 樺太　**ウ** 四国　**エ** 沖縄島

(2) 年表中の①，②について，原子爆弾が投下された都市を，地図中の**ア～エ**からそれぞれ選びましょう。 ① 〔 **ウ** 〕 ② 〔 **エ** 〕

(3) ▢B にあてはまる数字を書きましょう。 〔 **15** 〕

解説 **2** (1) 沖縄戦では，県民60万人のうち12万人以上の人がなくなったといわれている。

---

40 戦後，日本はどう変わったの？
本文99ページ

1 ▢ にあてはまる数字や語句を書きましょう。また，（ ）の中で正しいほうを選びましょう。

(1) 戦後，選挙制度が改められ，**20** 才以上の（ 男子・**男女** ）が選挙権をもちました。

(2) 1946（昭和21）年11月3日に **日本国** 憲法が公布され，翌年5月3日に施行されました。

(3) (2)の憲法は，国民主権，基本的人権の尊重，**平和** 主義の3つの原則からなっています。

2 次の年表と写真を見て，あとの問いに答えましょう。

1950年	**a** 朝鮮戦争が起こる
1951年	**b** 日本が48か国と平和条約を結ぶ日米安全保障条約を結ぶ
1956年	日本が ▢X に加盟する

(1) 下線部 **a** の戦争は，アメリカを中心とする国々と，ある国を中心とする国々との対立が背景にありました。ある国とはどこですか。 〔 **ソ連(ソビエト連邦)** 〕

(2) 写真は，年表中の下線部 **b** の条約に調印する様子です。この条約が結ばれたアメリカの都市を，次の**ア～ウ**から1つ選びましょう。 〔 **ア** 〕

ア サンフランシスコ　**イ** ニューヨーク　**ウ** ロサンゼルス

(3) ▢X にあてはまる国際機関を書きましょう。 〔 **国際連合（国連）** 〕

解説 **2** (1) 朝鮮戦争は，アメリカが支援する韓国と，ソ連が支援する北朝鮮との間で起こった戦争。

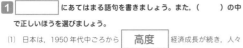

41 日本はどのように発展したの？

1 ［　　　］にあてはまる語句を書きましょう。また，（　　　）の中で正しいほうを選びましょう。

(1) 日本は，1950年代中ごろから　高度　経済成長が続き，人々の生活が豊かになりました。

(2) 経済が成長していた1964（昭和39）年，アジアで最初のオリンピック・パラリンピックが（　大阪・⑳東京　）で開かれました。

(3) 沖縄は1972年に日本に返還されましたが，現在も　アメリカ（米）　軍の基地が多く残っています。

2 日本の戦後の年表と写真を見て，あとの問いに答えましょう。

1964年	a オリンピック・パラリンピック開催
1968年	国民総生産額が b 世界第2位となる
1972年	［　　　］と国交を正常化する
1978年	［　　　］と平和友好条約を結ぶ

(1) 下線部 a に合わせて開通した，写真の交通機関を何といいますか。　〔 東海道新幹線（新幹線） 〕

(2) 下線部 b について，1968年の国民総生産額が世界一の国を，次の**ア**～**エ**から1つ選びましょう。　〔 ウ 〕

ア ドイツ　**イ** ロシア　**ウ** アメリカ　**エ** カナダ

(3) ［　　　］に共通してあてはまる国名を書きましょう。　〔 中国（中華人民共和国） 〕

解説 **2** (1) 東京と大阪を結ぶ東海道新幹線のほかにも，高速道路や地下鉄が整備された。

---

42 日本とつながりの深い国は？①

1 ［　　　］にあてはまる語句を書きましょう。また，（　　　）の中で正しいほうを選びましょう。

(1) 中国は人口が約（　10・⑭　）億人で世界一です。かつて　一人っ子　政策で人口の増加をおさえていました。

(2) 韓国では，（　儒教・神道　）の教えが大切にされ，ハングル　という独自の文字が使われています。

(3) サウジアラビアは，国土の大部分が　砂漠　におおわれ，日本にとって最大の（　石炭・⑳石油　）の輸入相手国です。

2 次の地図を見て，あとの問いに答えましょう。

A　　　　　　B　　　　　　C

(1) A～Cの国の首都を，次の**ア**～**ウ**からそれぞれ選びましょう。
A〔 イ 〕 B〔 ウ 〕 C〔 ア 〕
ア ペキン　**イ** リヤド　**ウ** ソウル

(2) Aの国で，国民のほとんどが信仰している宗教は何ですか。　〔 イスラム教 〕

(3) 右の国旗は，上のA～Cのうち，どの国のものですか。記号で答えなさい。　〔 C 〕

解説 **2** Aはサウジアラビア，Bは韓国，Cは中国。イスラム教は，西アジアの国々などで信者が多い。

---

43 日本とつながりの深い国は？②

1 ［　　　］にあてはまる語句を書きましょう。また，（　　　）の中で正しいほうを選びましょう。

(1) アメリカ合衆国にはさまざまな人種・民族の人がくらし，多文化　社会といわれています。

(2) ブラジルの北部には　アマゾン　川が流れ，流域には広い熱帯林があります。南部は南半球にあり，12月は（　冬・⑳夏　）です。

(3) ブラジルは（⑳コーヒー豆・茶　）の生産がさかんで，生産量は世界一です。

2 次の国旗を見て，あとの問いに答えましょう。

A　　　　　　　　B

(1) A，Bの国の首都を，次の**ア**～**ウ**からそれぞれ選びましょう。
A〔 ウ 〕 B〔 ア 〕
ア ワシントンD.C.　**イ** ニューヨーク　**ウ** ブラジリア

(2) Aの国には，日本から移住した人とその子孫が多く住んでいます。その人たちを何といいますか。　〔 日系人 〕

(3) 日本がBの国からたくさん輸入しているものを，次の**ア**～**エ**から2つ選びましょう。　〔 イ，エ 〕
ア 衣類　**イ** 肉類　**ウ** 石油　**エ** 小麦

解説 **2** Aはブラジル，Bはアメリカ合衆国の国旗。肉類・小麦ともにアメリカが最大の輸入相手国。

---

44 国際連合はどんなことをしているの？

1 ［　　　］にあてはまる語句を書きましょう。また，（　　　）の中で正しいほうを選びましょう。

(1) 地球の気温が上がり，海面の上昇などを引き起こす　地球温暖　化が問題となっています。

(2) 国連は(1)などの環境問題に取り組み，豊かな生活とのバランスを考えながら，持続可能　な社会の実現を目指しています。

(3) （⑳ODA・NGO　）は，政府による国際協力の活動で，支援を必要とする国に対し，資金や技術を提供しています。

2 次の資料や写真を見て，あとの問いに答えましょう。

A	平和に関する重要なことを話し合う，国連の中心機関。
B	病気や栄養不足などに苦しむ子どもを守る活動をしている機関。
C	すべての加盟国が参加し，全体に関わることを決める，国連の中心機関。

(1) 資料のA～Cにあてはまる国連の機関を，次の**ア**～**ウ**からそれぞれ選びましょう。
A〔 ア 〕 B〔 ウ 〕 C〔 イ 〕
ア 安全保障理事会　**イ** 総会　**ウ** ユニセフ

(2) 写真は兵庫県にある姫路城で，世界的な価値をもつ建造物として世界遺産に登録されています。この世界遺産の登録活動を行っている，国連の機関をカタカナで答えなさい。　〔 ユネスコ 〕

解説 **2** (1) ユニセフは国連児童基金の略称で，日本も第二次世界大戦後に，給食の支援を受けた。

復習テスト① (本文16〜17ページ)

1 (1) 基本的人権
(2) A−国民　B−戦争　C−戦力

ポイント

(1) ①は，日本国憲法の3つの原則のうち，基本的人権の尊重について述べています。

(2) ②は国民主権，③は平和主義について述べています。「国の政治のあり方を最終的に決める権利」のことを主権といいます。

2 (1) ①−エ　②−ウ　③−ア　④−イ
(2) (仕事について) 働く義務

ポイント

(1) ア参政権は政治に参加する権利のことで，③の憲法改正の国民投票のほかにも，選挙で投票する権利（選挙権）や議員などに立候補する権利（被選挙権），署名を集めて条例の改正を求める権利などがあります。

(2) 仕事について働くことは，国民の権利であり，義務でもあります。

3 (1) 法律　(2) 国会−立法
内閣−行政　裁判所−司法　(3) ウ

ポイント

(3) ウ国民が裁判員として裁判に参加する制度を裁判員制度といい，2009年から始まりました。ア予算案をつくるのは内閣で，内閣が国会に予算案を提出します。イ内閣総理大臣は，国会が国会議員の中から指名しますが，国務大臣は，内閣総理大臣が任命します。エ条約を結ぶのは内閣で，承認するのは国会です。

4 (1) 条例
(2) 消費税

ポイント

(1) 都道府県や市（区）町村の議会は，法律の範囲内で，その地域だけで通用するきまりを定めることができます。このきまりを条例といいます。

復習テスト② (本文24〜25ページ)

1 (1) 貝塚　(2) イ，ウ
(3) (例) 敵からむらを守る
(4) ①−イ　②−ウ　(5) たて穴住居

ポイント

(2) 縄文時代は狩りや漁が生活の中心でしたが，弥生時代は大陸から伝わった米づくりがさかんになりました。また，弥生時代は，富や力をもち，人々を支配する指導者（豪族）が現れ，身分のちがいがはっきりするようになりました。エの土器が使われるようになったのは，縄文時代からです。

(4) アは，古墳時代に，渡来人によって伝えられた須恵器の特ちょうです。

2 (1) 邪馬台（国）
(2) エ

ポイント

(1) 卑弥呼が女王として治めていた国が邪馬台国です。

(2) イ弥生時代には，青銅器や鉄器が日本に伝えられ，使われました。中国の古い歴史の本には，卑弥呼が中国に使いを送り，中国の皇帝から青銅器の銅鏡などをさずけられたと書かれています。エ卑弥呼が治めた邪馬台国も小国をいくつも支配していましたが，九州地方から東北地方南部までを支配したのは，5〜6世紀の大和朝廷です。

3 (1) 大王　(2) 前方後円墳
(3) はにわ

ポイント

(1) 大和朝廷の中心になった王が大王で，のちに天皇と呼ばれるようになりました。

(2) 前が方形（四角），後ろが円形をした古墳を前方後円墳といいます。写真は，大阪府堺市にある仁徳天皇陵（大仙，大山）古墳で，全長約486m，はば約305m，高さ約35mで，世界最大級の墓といわれています。

復習テスト③ (本文36〜37ページ)

1
(1) 仏教　　(2) 天皇
(3) 隋

ポイント
(1) 資料1は，聖徳太子が定めた十七条の憲法の一部です。
(3) 聖徳太子は，小野妹子を遣隋使として隋（中国）に送りました。留学生や僧も遣隋使とともに中国にわたって学びました。

2
(1) 大化の改新
(2) ア，イ

ポイント
(2) **ア**このころの農民に課せられた税には，租のほかに，織物や地方の特産物を納める調，都で働くか，代わりに布を納める庸がありました。**ウ**冠位十二階の制度は，聖徳太子が定めたものです。**エ**大化の改新以後に整えられた国のしくみでは，豪族が土地や農民を私有することをやめ，すべての土地や農民は国のものとされました。

3
(1) 聖武天皇　　(2) 行基
(3) ウ

ポイント
(1) 写真は，東大寺の金銅の大仏です。奈良時代，仏教をあつく信仰していた聖武天皇は，仏教の力で国を安らかに治めようとして，東大寺に大仏をつくらせました。
(3) **ウ**小野妹子が中国にわたったのは，聖徳太子が政治を行った飛鳥時代のことです。

4
(1) （例）自分のむすめたちを次々に天皇のきさきにした。
(2) ア

ポイント
(1) 絵の人物は藤原道長です。
(2) **エ**の清少納言は，紫式部と同じころに，随筆の『枕草子』を書きました。

復習テスト④ (本文48〜49ページ)

1
(1) イ　　(2) 地頭
(3) 執権

ポイント
(1) 御家人は，将軍に領地の支配を認めてもらう（ご恩）代わりに，将軍のために命がけで戦いました。これを奉公といいます。
(2) 源頼朝は，国ごとに守護を，村などに地頭を置いて，支配を固めました。

2
(1) 元
(2) ア，エ

ポイント
(2) **ア**元がせめてきたときの幕府の執権は北条時宗でした。**イ**元軍は九州北部にせめてきました。**ウ**御家人たちはほうびの領地を十分もらえませんでした。**エ**戦いの様子をえがいた絵からも，元軍（左側）は弓矢などを持ち，集団で戦っていることがわかります。

3
(1) ウ，エ
(2) 能（能楽）

ポイント
(1) **ア**の鎌倉幕府をたおして室町幕府を開いたのが足利尊氏で，**イ**の明との貿易を始めたのが3代将軍の足利義満です。
(2) 能は足利義満の保護を受けて，武士の間に広まりました。

4
(1) 平清盛
(2) A－イ　B－ウ

ポイント
(1) 平治の乱に勝った平清盛は，太政大臣という高い位につき政治の実権をにぎりました。
(2) **A**平氏は壇ノ浦の戦いで源氏にほろぼされ，こののち源頼朝が征夷大将軍になりました。**B**朝廷軍との戦い（承久の乱）に勝った鎌倉幕府はさらに力を強め，武士社会の最初の法律である御成敗式目をつくりました。

1
(1) 長篠の戦い　(2) 鉄砲
(3) ア，エ

ポイント

(2) 織田信長は，1543年にポルトガル人によって伝えられた鉄砲を大量に使い，騎馬隊中心の武田氏の軍を破りました。
(3) イ・ウは豊臣秀吉が行ったことです。エ信長は安土城の城下町で楽市・楽座という政策を行い，商人や職人が自由に商工業ができるようにしました。

2
(1) ① 検地　② 刀狩
(2) ア，ウ

ポイント

(2) 豊臣秀吉は①の検地によって，全国の土地を武士が支配し，百姓に決まった年貢を納めさせるようにしました。②の刀狩の結果，百姓は武器を持って反抗できなくなりました。

3
(1) ウ　(2) 外様
(3) 武家諸法度　(4) 徳川家光

ポイント

(1) アの桶狭間の戦いは織田信長が今川義元を破った戦い，イの壇ノ浦の戦いは源氏が平氏をほろぼした戦いです。

4
① イ　② ウ
③ オ

ポイント

① 織田信長は，琵琶湖のほとりの滋賀県の安土に安土城を築きました。
② 豊臣秀吉は天下統一の本拠地として大阪城を築きました。大阪城は，秀吉の死後も豊臣氏の本拠地となっていました。
③ 鉄砲は，鹿児島県の種子島に伝えられました。

1
(1) Ⅰ－門前町　Ⅱ－城下町
(2) A－エ　B－イ

ポイント

(2) B大阪は，江戸幕府や各藩の蔵屋敷が多く置かれ，全国の産物の集散地だったことから，「天下の台所」と呼ばれました。

2
(1) キリスト教
(2) イ，エ

ポイント

(1) 江戸幕府は，キリスト教徒が団結して幕府に反抗することをおそれ，キリスト教を禁止しました。絵踏みでは，キリストの像など(踏み絵)を人々に強制的に踏ませ，踏まなかった者や踏むのをためらった者をキリスト教徒とみなして処罰しました。
(2) 鎖国中，オランダ・中国との貿易は，長崎で行われました。

3
(1) 歌舞伎
(2) エ

ポイント

(2) エ近松門左衛門は町人のすがたをいきいきとえがき，多くの脚本を書きました。ア松尾芭蕉はすぐれた俳句をよんだ俳人です。イ歌川広重は「東海道五十三次」などのすぐれた風景画をえがいた浮世絵師です。ウ雪舟は室町時代にすみ絵 (水墨画)を大成した人です。

4
(1) A－イ　B－ア　C－エ
(2) オランダ
(3) A－蘭学　B－国学

ポイント

(2)(3) A江戸時代の鎖国中は，ヨーロッパの国の中ではオランダとだけ交流があったので，西洋の学問はオランダの書物を通じて伝わりました。そのため，西洋の学問を蘭 (オランダのこと) 学といいました。

15

1
(1) 福沢諭吉
(2) ウ

ポイント

(1) 福沢諭吉は「天は人の上に人を造らず」の書き出しで始まる『学問のすゝめ』を著し，西洋の考え方を日本に紹介しました。

(2) ウの殖産興業は，明治新政府が近代的な工業の育成をはかった政策のことです。これにより官営工場が各地につくられました。

2
(1) 板垣退助　(2) 天皇
(3) イ

ポイント

(3) 当時選挙権をもったのは約45万人で，日本の全人口の約1.1％でした。納税額の制限が撤廃されたのは大正時代末のことです。

3
(1) ペリー　(2) A−領事裁判（治外法）
B−関税　(3) ア，ウ

ポイント

(1) ペリーは翌年ふたたび来航し，江戸幕府は日米和親条約を結んで，開国しました。

(2) A罪をおかした外国人を，その国にいる領事が自国の法律でさばく権利を領事裁判権（治外法権）といいます。B輸入品にかける税金のことを関税といいます。

(3) イは日露戦争の説明にあてはまります。

4
(1) イ
(2) 北里柴三郎

ポイント

(1) 足尾銅山鉱毒事件では，栃木県の足尾銅山から出たけむりや廃水で渡良瀬川流域の人々に大きな被害が出ました。地元選出の衆議院議員の田中正造は，半生をかけてこの公害問題に取り組み続けました。アの平塚らいてうは女性運動で活やくした人，ウの小村寿太郎は関税自主権の回復に成功した人です。

1
(1) ① 満州　② 日中　③ 太平洋
(2) イ

ポイント

(1) ②日中戦争にゆきづまっていた日本は，石油などの資源を求めて東南アジアへ軍隊を進めました。また，同じころにドイツ・イタリアと軍事同盟を結びました。これにより，アメリカやイギリスとの対立が深まりました。③1941年12月，日本はハワイのアメリカ軍港やマレー半島のイギリス軍を攻撃し，太平洋戦争が始まりました。

2
(1) （例）（地方へ）集団で疎開した。
(2) 沖縄（県）
(3) （例）原子爆弾が落とされた。

ポイント

(3) 1945年8月6日に広島に，8月9日には長崎に原子爆弾（原爆）が落とされ，どちらも一瞬にして何万人もの人がなくなりました。

3
(1) （例）女性の参政権が認められたこと。
(2) 農地改革
(3) 日米安全保障（日米安保）

ポイント

(1) それまでは，選挙権は25才以上の男子だけに認められていましたが，太平洋戦争後，20才以上の男女に選挙権が認められるようになりました。

(2) 戦後，政府が地主の土地を買い上げ，自分の土地をもたない小作農家に安く売りわたしました。これを農地改革といいます。

4
(1) 白黒テレビ，電気洗濯機，電気冷蔵庫
(2) 高度経済成長

ポイント

(1)(2) 高度経済成長によって人々のくらしは豊かになり，1960年代にはいろいろな家庭電化製品が広まりました。

1
(1) 首都名－ペキン（北京）　位置－ア
(2) B－大韓民国（韓国）
　　C－サウジアラビア
(3) ハングル（文字）　　(4) C
(5) ① C　② A
(6) B－ウ　C－ア

ポイント

(1)　**イ**はシャンハイ，**ウ**はホンコンです。

(2)　**B**の韓国は，朝鮮半島南部にあり，日本に最も近い国の１つです。**C**のサウジアラビアは，アラビア半島の大部分をしめている国です。

(4)　**C**のサウジアラビアをはじめ，西アジアの多くの人々はイスラム教を信仰しています。写真はイスラム教の巡礼の様子です。

(5)　①日本にとってサウジアラビアは石油の最大の輸入相手国です。②中国は人口増加をおさえようと，かつて一人っ子政策をとっていました。

(6)　**イ**はブラジルの国旗です。

2
(1) A－ロッキー　B－ハロウィン
(2) ア，エ

ポイント

(2)　**ア**日本は小麦のほかにも，とうもろこしや大豆，肉類などをアメリカ合衆国から最も多く輸入しています。**イ**は中国，**ウ**はブラジルについて説明しています。

3
(1) ① イ　② エ　③ ウ
(2) 地球温暖化

ポイント

(1)　①戦争や災害などで生活に苦しむ子どもたちの支援活動をしている機関が，ユニセフ（国連児童基金）です。②世界の平和に関する重要なことがらを討議し，決めている機関が，安全保障理事会です。③教育のふきゅうや大切な自然・文化遺産を守る活動をしている機関が，ユネスコ（国連教育科学文化機関）です。